# Dom Bellot et l'architecture religieuse au Québec

DOM PAUL BELLOT, o.s.b.
1876–1944

Nicole Tardif-Painchaud

# Dom Bellot et l'architecture religieuse au Québec

Les Presses de l'université Laval
Québec, 1978

*Cet ouvrage est publié à l'aide d'une subvention
du Conseil canadien de recherches sur les humanités
provenant de fonds fournis par le Conseil des
Arts du Canada.*

NOUS tenons à remercier d'une façon tout à fait particulière le professeur Claude Bergeron, dont les conseils judicieux et la disponibilité constante ont permis, au milieu de nombreuses embûches, que ce travail soit entrepris et mené à terme.

Ce livre n'aurait pu être rédigé non plus sans la collaboration de plusieurs personnes dont il serait difficile ici de donner la liste complète. Nous ne saurions passer sous silence cependant celle particulièrement éclairée et efficace des architectes Edgar Courchesne, Adrien Dufresne et Dom Claude-Marie Côté, disciples de Dom Bellot.

Enfin, nous devons remercier les institutions dont le concours nous a été indispensable, en particulier les abbayes de Saint-Benoît-du-Lac et de Saint-Paul de Wisques, ainsi que le Groupe de recherche en art du Québec de l'université Laval, dont l'un des animateurs, Luc Noppen, nous a aimablement prêté son appui à maintes reprises.

N.T.-P.

# Table des matières

Bibliographie . . . . . . . . . . . . . . . . . . . . . . . . . . . . .   XIII

## Introduction . . . . . . . . . . . . . . . . . . . . . . . . . . .   1

# I

# L'art religieux en France et au Québec
# 1900-1934

De nouvelles doctrines . . . . . . . . . . . . . . . . . . . . . . . .   7
   *Les théoriciens* . . . . . . . . . . . . . . . . . . . . . . . . . . . . . . .   7
   *Les artistes* . . . . . . . . . . . . . . . . . . . . . . . . . . . . . . . .   10
Les précurseurs de Dom Bellot au Québec . . . . . .   15
Le renouveau architectural au Québec . . . . . . . . . .   18

# II

# Dom Paul Bellot, moine architecte

Sa vie . . . . . . . . . . . . . . . . . . . . . . . . . . . . . . . . . .   23
Ses principes esthétiques . . . . . . . . . . . . . . . . . . . . .   25
Ses principes architecturaux . . . . . . . . . . . . . . . . . .   26
Sa conception de l'église . . . . . . . . . . . . . . . . . . . . .   30
Son style . . . . . . . . . . . . . . . . . . . . . . . . . . . . . . . .   32
   *La brique* . . . . . . . . . . . . . . . . . . . . . . . . . . . . . . . . . .   34
   *La polychromie* . . . . . . . . . . . . . . . . . . . . . . . . . . . . . . . .   36
   *Les arcs paraboliques et polygonaux* . . . . . . . . . . . . . . . . . .   38

*Le système de proportions* . . . . . . . . . . . . . . . . . . . . . . . . . .    40
*La lumière* . . . . . . . . . . . . . . . . . . . . . . . . . . . . . . . . . . . .    43

# III

# Dom Bellot au Québec

Premiers contacts . . . . . . . . . . . . . . . . . . . . . . . . . . . . . .    47
   *Expositions* . . . . . . . . . . . . . . . . . . . . . . . . . . . . . . . . . . .    49
   *L'Institut scientifique franco-canadien* . . . . . . . . . . . . . . . .    51

Première visite (du 10 février au 23 mars 1934) . .    52
   *L'École des Beaux-Arts de Montréal* . . . . . . . . . . . . . . . . . .    54
   *Publication des conférences* . . . . . . . . . . . . . . . . . . . . . . . .    55
   *Polémique* . . . . . . . . . . . . . . . . . . . . . . . . . . . . . . . . . . . . .    55

Autres visites . . . . . . . . . . . . . . . . . . . . . . . . . . . . . . . . .    56
   *La basilique Saint-Joseph du Mont-Royal (décembre 1936)* . . . .    56
   *L'abbaye de Saint-Benoît-du-Lac* . . . . . . . . . . . . . . . . . . . . .    58
   *Le Grand Séminaire de Québec* . . . . . . . . . . . . . . . . . . . . . .    60

Premières tentatives de constructions « dom-bello-
tistes » . . . . . . . . . . . . . . . . . . . . . . . . . . . . . . . . . . . . . . .    61

# IV

# Trois disciples québécois

ADRIEN DUFRESNE . . . . . . . . . . . . . . . . . . . . . . . . . .    65

Les œuvres de fidélité (1936-1946) . . . . . . . . . . . . . .    66
   *L'église Sainte-Thérèse de l'Enfant-Jésus à Beauport* . . . . . . . .    66
   *L'église Sainte-Sophie (comté de Mégantic)* . . . . . . . . . . . . . .    69
   *La chapelle de l'École normale de Mérici à Québec* . . . . . . . . .    70
   *La chapelle de l'église du Saint-Esprit à Québec* . . . . . . . . . . .    71
   *La chapelle du patronage Sainte-Geneviève à Québec* . . . . . . . .    71
   *L'église Notre-Dame-de-la-Paix à Québec* . . . . . . . . . . . . . . .    72
   *L'église Notre-Dame-de-la-Guadeloupe (comté de Frontenac)* . . .    74

Les œuvres personnelles (1946-1964) . . . . . . . . . . .          75
   *L'église Saint-Pascal-de-Maizerets à Québec* . . . . . . . . . . . . . .          75
   *L'église Sainte-Thérèse de l'Enfant-Jésus à Cowansville* . . . . . . .          77
   *L'église Saint-Fidèle à Québec* . . . . . . . . . . . . . . . . . . . . . . . .          77
   *La basilique Notre-Dame-du-Cap* . . . . . . . . . . . . . . . . . . . .          79

EDGAR COURCHESNE . . . . . . . . . . . . . . . . . . . . . .          82

Les débuts (1933-1948) . . . . . . . . . . . . . . . . . . . . . . .          83
   *La crypte du Séminaire Saint-Charles-Borromée* . . . . . . . . . . .          83
   *L'abbaye Sainte-Marie des Deux-Montagnes* . . . . . . . . . . . . .          85
   *Les églises de Saint-Épiphane et de Sainte-Blandine* . . . . . . . . .          87

L'œuvre maîtresse (1948-1953) . . . . . . . . . . . . . . . .          88
   *L'église Sainte-Madeleine-Sophie à Montréal* . . . . . . . . . . . . .          88
   *L'église Saint-Benoît de Granby* . . . . . . . . . . . . . . . . . . . . . .          92

La dernière étape (1953-1959) . . . . . . . . . . . . . . . .          96
   *Les églises de l'Est du Québec* . . . . . . . . . . . . . . . . . . . . . . .          96

DOM CLAUDE-MARIE COTÉ . . . . . . . . . . . . . . . .          100

   *L'abbaye de Saint-Benoît-du-Lac* . . . . . . . . . . . . . . . . . . . . .          100
   *Le monastère de Saint-Augustin à Montmagny* . . . . . . . . . . .          102

# V
# Le rayonnement du dom-bellotisme
# au Québec

Le dom-bellotisme mouvement artistique . . . . . . . .          105
Les adeptes . . . . . . . . . . . . . . . . . . . . . . . . . . . . . . .          106
La durée et l'importance du mouvement . . . . . . . .          112

Illustrations . . . . . . . . . . . . . . . . . . . . . . . . . . . . . .          115

Liste des illustrations . . . . . . . . . . . . . . . . . . . . . . .          251

Appendice    I : L'œuvre de Dom Paul Bellot  ...    259

Appendice   II : Édifices religieux d'Adrien Dufres-
                 ne au Québec .................    261

Appendice III : Édifices  religieux  d'Edgar  Cour-
                 chesne au Québec  ..............    263

# Bibliographie

Anonyme, *Le diocèse de Montréal à la fin du XIX<sup>e</sup> siècle*, s.l., Senecal, 1900.

————, *L'Arche*, Verneuil, Henri Turgis, 2 mai 1919.

————, « La paroisse de Notre-Dame-de-Grâce », *Almanach de l'Action Sociale Catholique*, 1927.

————, *Une œuvre d'architecture moderne par Dom Paul Bellot, o.s.b.*, préface d'Henri Charlier et notes de Maurice Storez sur Quarr Abbey, Wépion, Au Mont-Vierge, 1927.

————, *Album des églises de la province de Québec*, vol. 1, Montréal, Compagnie canadienne nationale de Publication, 1928.

————, « L'Immaculée-Conception d'Audincourt », *Béton armé*, n° 305, juil. 1933.

————, « Dom Bellot et nos églises », *L'Ordre*, Montréal, 15 mars 1934.

————, « Un nouvel honneur pour M. Dufresne, architecte », *L'Action Catholique*, Québec, 6 nov. 1937.

————, « Une œuvre récente de Dom Bellot, le nouveau cloître de Solesmes » (1938), *L'Art Sacré*, juil. 1939.

————, « Le nouveau monastère des Bénédictins », *Almanach de l'Action Sociale Catholique*, 1942.

————, « L'église Sainte-Thérèse de l'Enfant Jésus de Cowansville », *Architecture, Bâtiment, Construction*, n° 62, juin 1951.

————, « Église Saint-Joseph de Hull », *Architecture, Bâtiment, Construction*, n° 106, fév. 1955.

————, « L'église Saint-Fidèle, à Québec », *Architecture, Bâtiment, Construction*, n° 106, fév. 1955.

————, « Cinquantenaire de l'abbaye Saint-Benoît-du-Lac », *La Tribune*, Sherbrooke, 29 sept. 1962.

————, *Abbaye Saint-Benoît-du-Lac*, Pierre-qui-vire (France), Les Presses monastiques, 1962.

————, *La construction des églises. Directoire pastoral*, Montréal, Commission diocésaine de liturgie de Montréal, 1965.

ACHE, Jean-Baptiste, *Eléments d'une histoire de l'art de bâtir*, Paris, Moniteur des Travaux Publics, 1970.

ANSON, Peter, « Dom Paul Bellot », *Liturgical Arts*, vol. 13, mai 1945.

AUBERT, Denis, LERCARO, Card. Jacques, CAPELLADES, Jean, DAVIES, J. C., DEBUYST, Frédéric, *Espace sacré et architecture moderne*, Paris, Le Cerf, 1971.

AUDET, Louis-N., « Évolution de notre architecture religieuse », *Architecture, Bâtiment, Construction*, oct. 1946.

BARAZZETTI, Suzanne, *Maurice Denis*, Paris, Grasset, 1945.

BEAULIEU, Claude, *Architecture contemporaine au Canada français*, Québec, M.A.C., « Art, vie et sciences au Canada français », 1969.

BÉDARD, Hélène, *Maisons et églises au Québec XVII^e, XVIII^e, XIX^e siècles*, Québec, M.A.C., coll. « Civilisation du Québec », 1971.

BELLOT, Dom Paul, « Où va notre architecture religieuse ? », *Almanach catholique français*, 1933.
———, « L'idéal et l'ascèse de l'art chrétien », *Revue trimestrielle canadienne*, mars 1934.
———, « Réflexions sur l'architecture », *L'Artisan Liturgique*, n° 39, oct.-déc. 1935.
———, « The Ideal and Discipline of Christian Art », *Liturgical Arts*, vol. 4, 1935.
———, « Sainte-Thérèse de Beauport », *Almanach de l'Action Sociale Catholique*, 1938.
———, « L'architecte James Bouillé », *L'Artisan Liturgique*, n° 55, oct.-déc. 1939.
———, « Art et Tradition », *Revue trimestrielle canadienne*, déc. 1940.
———, « Le résultat d'une révolution », *Architecture, Bâtiment, Construction*, n° 18, oct. 1947.
———, *Propos d'un bâtisseur du bon Dieu*, Cahiers d'Art Arca IV, Montréal, Fides, 1948.

BLAND, John, « A Developing Church Architecture in Quebec », *Culture*, n° 10, mars 1949.

BRILLANT, Maurice, *L'art chrétien au XX^e siècle en France*, Paris, Bloud et Gay, 1927.
———, « Dom Bellot et l'église d'Audincourt », *L'Artisan Liturgique*, n° 23, avril-juin 1933.
———, « L'architecture religieuse moderne avec Dom Bellot, moine-architecte », Québec, *L'Action catholique*, 13 nov. 1938.

BYRNE, Barry, « A Modern Architectural Work, by Dom Paul Bellot », *The Commonweal of New York*, 30 mars 1927.

CAILLOUX, M., « Les dômes de l'Oratoire Saint-Joseph du Mont-Royal », *Revue trimestrielle canadienne*, juin 1939.

CAPELLADES, Jean, LERCARO, Card. Jacques, AUBERT, Denis, DAVIS, J. C., DEBUYST, Frédéric, *Espace sacré et architecture moderne*, Paris, Le Cerf, 1971.

CHARLIER, Henri, « Architecture », *L'Artisan Liturgique*, avril-juin 1929.
————, « The Work of Dom Paul Bellot : Novelty and Tradition », *Liturgical Arts*, vol. 4, 1935.
————, « Propos d'architecture », *Échanges et Recherches*, nº 6, avril 1939.
————, « L'art chrétien et les problèmes de l'art », « L'art et l'intelligence », *L'Artisan Liturgique*, nº 57, avril-juin 1940.
————, « Dom Paul Bellot », *L'Artisan Liturgique*, nº 4, 1946.
————, « Dom Bellot », *Itinéraires*, nº 179, janv. 1974.

CHARNEY, Melvin, « Pour une définition de l'architecture au Québec », *Architecture et urbanisme au Québec*, Conférences J.-A. de Sève, 13-14, Montréal, P.U.M., 1971.

CINGRIA, Alexandre, *La décadence de l'art sacré*, Lausanne, 1916.

COLLIN, W. E., « French-Canadian Letters Part II », *University of Toronto Quarterly*, vol. XIX, nº 4, juil. 1950.

COLOMBIER, Pierre du, « Revanche de Gaudi », *La Revue française*, nº 128, mai 1961.

CORBEIL, Wilfrid, « L'art religieux fait mine de parent pauvre », Montréal, *Le Devoir*, 14 déc. 1957.

CÔTÉ, Dom Claude-Marie, « Son style Dom Bellot », *Album souvenir du centenaire de la paroisse Saint-Jacques*, 1966.

COURCHESNE, Edgar, « Un poète de la brique », *Le Devoir*, Montréal, 13 déc. 1932.
————, « L'œuvre architecturale de Dom Bellot, o.s.b. », *L'Action Nationale*, déc. 1933.
————, « Une œuvre d'architecture », *Almanach de l'Action Sociale Catholique*, 1933.
————, « Dom Paul Bellot, o.s.b. », *The Journal : Royal Architectural Institute of Canada*, vol. XI, nº 2, fév. 1934.
————, « L'architecture et le renouveau », *L'Ordre*, Montréal, 23 juin 1934.
————, « La raison dans les arts », *Les Idées*, Montréal, Éd. du Totem, fév. 1935.

COUTURIER, Marie-Alain, « Le prieuré Saint-Bathilde à Vanves », *L'Art Sacré* nº 15, janv. 1937.
————, *Art et catholicisme*, Montréal, L'Arbre, 1941.
————, *Art et liberté spirituelle*, Paris, Le Cerf, 1958.

CRAM, Ralph Adams, « Modern Architecture in the Cloister », *New York Herald Tribune Book*, 22 mai 1927.

CRENIER, Dom Léonce, « Le monastère Saint-Benoît-du-Lac », *Le supplément de l'Action Catholique*, Québec, vol. 5, n° 24, 15 juin 1941.

D'AGNEL, G. Arnaud, *L'Art religieux moderne*, Grenoble, Arthaud, 1936.

DAHINDEN, Justus, *Construire pour l'église dans le monde*, Fribourg, Éd. Saint-Paul, 1971.

DAVIES, J. C., LERCARO, Card. Jacques, AUBERT, Denis, CAPELLADES, Jean, DEBUYST, Frédéric, *Espace sacré et architecture moderne*, Paris, Le Cerf, 1971.

DEBUYST, Frédéric, DAVIES, J. C., LERCARO, Card. Jacques, AUBERT, Denis, CAPELLADES, Jean, *Espace sacré et architecture moderne*, Paris, Le Cerf, 1971.

DE COURSON, Antoine, « Dom Bellot, architecte et moine », *Le Jour*, Paris, 29 nov. 1934.

DENIS, Maurice, *Théories (1890-1910)*, Paris, Bibliothèque de l'Occident, 1912.
————, *Nouvelles théories sur l'art moderne, sur l'art sacré (1914-1921)*, Paris, L. Rouart et J. Watelin, 1922.
————, *Histoire de l'art religieux*, Paris, Flammarion, 1939.

DESBIENS, Lucien, « En marge d'une exposition, L'Art au service de la liturgie », *Le Devoir*, Montréal, 26 août 1933.

DESGAGNÉ, Léonce, « Dom Bellot et son œuvre gothique : Moyen-Âge », *L'Action Catholique*, Québec, 10 mars 1934.
————, « La leçon de l'architecture médiévale », *Revue Dominicaine*, juin 1934.
————, « L'architecture des nouvelles annexes, la chapelle et le cloître », Chicoutimi, *Hôtel-Dieu Saint-Vallier*, s.d.
————, « Urgence d'un éveil en architecture religieuse », *Arts et Pensée*, n° 15, janv.-fév. 1954.

DUFRESNE, Adrien, « Autour d'une œuvre d'architecture religieuse et monastique », *L'Action Catholique*, Québec, 24 déc. 1932.

DUVIGNAUD, Jean, *Sociologie de l'art*, Paris, P.U.F., 1967.

ESCHAPASSE, Maurice, *L'Architecture bénédictine en Europe*, Paris, Éd. des Deux Mondes, 1963.

FABER (pseudonyme de Léonce Marraud), *Imagerie religieuse et art populaire*, Bibliotthèque des Lettres Françaises, 1914.

FABRE, Abel, « L'Arche », *La Vie et les arts liturgiques*, n° 48, déc. 1918.
————, *Pages d'art chrétien*, 2e édition, Paris, Bonne Presse, 1927.

FERRAN, Albert, *Philosophie de la composition architecturale*, Paris, Éd. Vincent Fréal et Cie, 1955.

FILTEAU, Pierre, NOPPEN, Luc, THIBAULT, Claude, *La fin d'une époque.
    Joseph-Pierre Ouellet, architecte*, Québec, M.A.C., coll. « Civilisation
    du Québec », 1973.

FOCILLON, Henri, *Art d'Occident*, Paris, Armand Colin, 1947.

FULCRAN, Abel, *L'artiste chrétien*, Paris, Bonne Presse, s.d.

FUNCK-HELLET, Ch. Dr, *De la proportion*, Paris, Vincent Fréal et Cie,
    1951.

GAGNON, François, « Notre architecture religieuse », *Communauté
    chrétienne*, n° 20, mars-avril 1965.

GAGNON, Maurice, « L'église Saint-Germain d'Outremont », *Revue
    Technique*, 1938.

GARNEAU, Saint-Denys, « L'art spiritualiste », *La Relève*, 3e cahier, mars
    1934.

GAUVREAU, Jean-Marie, « L'art sacré au Canada », *Technique*, fév. 1947.
GAUVREAU, Jean-Marie, LEMIEUX, Ernest, MORISSET, Gérard,
    LECOUTEY, André, *L'art religieux contemporain au Canada*, Québec,
    1952.

GHYKA, Matila, *Esthétique des proportions*, Paris, Gallimard, 1927.
————, *Essai sur le rythme*, Paris, Gallimard, 1938.

GILMARD, (pseudonyme de Gérard Petit, c.s.c.), *La Vraie France*,
    Montréal, Fides, 1941.

GOBILLOT, René, « Le monastère des Bénédictins de Vanves »,
    *L'Architecture*, vol. XLIX, 1936.

GOISSAUD, Antony, « Le monastère des Bénédictines missionnaires à
    Vanves (Seine) », *La construction moderne*, 13 déc. 1936.

GREENING, W. E., « The New Spirit of Religions architecture in French
    Canada », *Canadian Geographical Journal*, mars 1955.

GUILLEBAUD, Dom Henri, « Une église de Dom Bellot, l'Immaculée-
    Conception d'Audincourt », *L'Art Sacré*, n° 12, juin 1936.

HAMEL, M. P., « Builder of the House of God : Dom Paul Bellot », *Orate
    Fratres*, vol. 19, 25 fév. 1945.

HAMEL, Marcel, « Un moine-architecte », *L'Action Nationale*, vol. 27,
    n° 3, mars 1946.

HERLINGUE, Pierre-Stéphane, *L'Art sacré dans votre église*, Tours, Mame,
    1961.

IMBERT, Charles, « L'église d'Audincourt (Doubs) », *La Technique des
    Travaux*, n° 7, juil. 1933.

JOEDICKE, Jurgen, « Antonio Gaudi », *Architecture d'Aujourd'hui*, juin-juil. 1962.

JOUNEL, Pierre, *Les premières étapes de la réforme liturgique*, Paris, Desclée, 1965.

JOUVEN, Georges, *Rythme et architecture*, Paris, Vincent Fréal et Cie, 1951.

L'ARCHE (auteur), « Un groupement de travail : l'Arche », *L'Artisan Liturgique*, n° 13, avril-juin 1929.
—————, « Ce qu'est l'Arche », *L'Artisan Liturgique*, n° 29, avril-juin 1933.

LADOUÉ, Pierre, « Ce que sont les Artisans de l'autel », *Vie Catholique*, Paris, 17 janv. 1925.

LANOTTE, André, *Itinéraire pour l'adaptation des églises à la liturgie actuelle*, Gembloux, J. Duculot, 1965.

LAPOINTE, Paul, « Une chapelle de collège, Séminaire de Valleyfield, Québec », « Une église moderne, Sainte-Madeleine-Sophie, Ahuntsic », *Architecture, Bâtiment, Construction*, n° 30, oct. 1948.

LECOUTEY, André, « Les leçons d'une exposition », *Arts et Pensées*, n° 11, sept.-oct. 1952.
LECOUTEY, André, LEMIEUX, Ernest, MORISSET, Gérard, GAUVREAU, Jean-Marie, *L'art religieux contemporain au Canada*, Québec, 1952.

LEMIEUX, Ernest, « Nouvelle église dans le style Dom Bellot », *L'Action Catholique*, Québec, 9 mai 1936.
LEMIEUX, Ernest, MORISSET, Gérard, GAUVREAU, Jean-Marie, LECOUTEY, André, *L'art religieux contemporain au Canada*, Québec, 1952.

LERCARO, Card. Jacques, AUBERT, Denis, CAPELLADES, Jean, DAVIES, J. C., DEBUYST, Frédéric, *Espace sacré et architecture moderne*, Paris, Le Cerf, 1971.

LOUVET, A., « L'œuvre du R. P. Bellot, bénédictin de Solesmes architecte diplômé par le Gouvernement », *L'Architecture*, vol. XLII, 1929.
—————, « Le Monastère de la Visitation à Crainhem (Bruxelles) », *L'Architecture*, vol. XLV, 1932.
—————, « Les églises modernes — l'église de l'Immaculée-Conception à Audincourt », *L'Architecture*, vol. XLVII, 1934.

LOYER, François, « La chapelle Güell Laboratoire d'un nouveau langage plastique », *L'Œil*, n° 198, juin 1971.

MARITAIN, Jacques, *Art et scolastique*, Paris, Librairie de l'art catholique, 1920.
————, *Art et scolastique*, Bruges, Desclée, 1965.

MAURAULT, Olivier, *Saint-Jacques de Montréal*, Montréal, Maisonneuve, 1923.
————, *Marges d'histoire*, Montréal, Librairie d'Action canadienne-française, Documents historiques, IV-V, 1929.

MERCIER, Georges, *Architecture religieuse contemporaine en France*, Tours, Mame, 1968.

MERCURE, Dom Georges, « Un grand moine architecte n'est plus », *Le Devoir*, Montréal, 8 juil. 1944.

MORISSET, Gérard, « Édifices religieux en France et chez nous », *Almanach de l'Action Sociale Catholique*, 1924.
————, « L'Art religieux chez nous », *Almanach de l'Action Sociale Catholique*, 1925.
————, « Propos d'architecture religieuse. Architecture religieuse nationale. Rationalisme en architecture. Styles », *Almanach de l'Action Sociale Catholique*, 1926.
————, « Le rationalisme en architecture », *Almanach de l'Action Sociale Catholique*, 1927.
————, « Propos d'architecture. Le classicisme et ses faux dogmes », *Almanach de l'Action sociale Catholique*, 1928.
————, « Propos d'architecture. Architecture religieuse moderne », *Almanach de l'Action sociale Catholique*, 1929.
————, « Une église de notre époque : Matane », *Almanach de l'Action Sociale Catholique*, 1937.
————, *Coup d'œil sur les arts en Nouvelle-France*, Québec, Charrier et Dugal, 1941.
————, *L'architecture en Nouvelle-France*, Québec, Charrier et Dugal, coll. « Champlain », 1949.
MORISSET, Gérard, LEMIEUX, Ernest, GAUVREAU, Jean-Marie, LECOUTEY, André, *L'art religieux contemporain au Canada*, Québec, 1952.

MUNIER, Albert, *Construction, Décoration, Ameublement des églises*, Bruges, Desclée, fév. 1925.
————, *Un projet d'église au XX<sup>e</sup> siècle*, Paris, Desclée, 1933.

NOÉ, Norbert, « La chapelle des Bénédictines de la Miséricorde à Tertre (Hainaut) », *L'Artisan Liturgique*, n° 52, janv.-mars 1939.

NOPPEN, Luc, et PORTER, John R., *Les églises de Charlesbourg et l'architecture du Québec*, Québec, M.A.C., coll. « Civilisation du Québec », 1972.

NOPPEN, Luc, THIBAULT, Claude, FILTEAU, Pierre. *La fin d'une époque. Joseph-Pierre Ouellet*, architecte, Québec, M.A.C., coll. « Civilisation du Québec », 1973.

OCHSÉ, Madeleine, *Un art sacré pour notre temps*, Paris, Arthème Fayard, coll. « Je sais, je crois », 1959.

OLLIVIER, Félix, « Le monastère des Dominicaines Les Tourelles à Montpellier (Hérault) », *L'Architecture*, vol. XLIX, 1936.

PANOFSKY, Erwin, *Architecture gothique et pensée scolastique*, Paris, Éd. de Minuit, 1967.

PAROISSIN, P., *Mystère de l'art sacré*, Paris, Les Nouvelles Éditions Debresse, 1957.

PERRIN, Julien, p.s.s., « L'église Saint-Jacques, de 1823 à 1936 », *Le Devoir*, Montréal, 27 juin 1936.

PEVSNER, Nikolaus, « Quarr and Bellot », *Architectural Review*, vol. 141, 1967.

PICHARD, Joseph, *L'Art sacré moderne*, Paris, Arthaud, 1953.
————, *Les églises nouvelles à travers le monde*, Paris, Éd. des deux Mondes, 1960.
————, *L'Aventure moderne de l'art sacré*, Paris, Spes, 1966.

PLAETE, Anne-Marie, « Une architecture de contrastes », *Plaisir de France*, n° 392, sept. 1971.

PORTER, John R. et NOPPEN, Luc, *Les églises de Charlesbourg et l'architecture du Québec*, Québec, M.A.C., coll. « Civilisation du Québec », 1972.

RÉGAMEY, Pie Raymond, « Bilan de l'époque 1920-1940 », *L'Art Sacré*, mars-avril 1948.
————, *Art sacré au XXᵉ siècle*, Paris, Le Cerf, 1952.

REYNALD, « La maison de prière doit être du temps », *La Presse*, Montréal, 12 janv. 1934.
————, « Les proportions ont un rôle fondamental », *La Presse*, Montréal, 3 mars 1934.

RIVIÈRE, Bruno, « L'abbaye de Wisques », *L'Action Catholique*, Québec, 13 nov. 1938.

ROULIN, Dom E., *Nos églises*, Paris, Lethielleux, 1938.

ROY, Pierre-Georges, *Les vieilles églises de la province de Québec*, Québec, L. A. Proulx, Imprimeur du roi, 1925.

RUMILLY, Robert, « Une heure avec Dom Bellot, constructeur », *Le Petit Journal*, Montréal, 4 mars 1934.
————, *Histoire de la Province de Québec*, tome XXXIV, Fides, Montréal, 1963.

SARDOU, P., « Église Notre-Dame-des-Trévois, à Troyes », *L'Architecture*, vol. XLIX, 1936.

SERT, José-Luis, « Gaudi visionnaire et précurseur », *L'Oeil*, n° 2, fév. 1955.

STASSIN, Eugène, « Le Monastère de la Visitation à Crainhem (Bruxelles) », *La Technique des travaux*, fév. 1931.
————, « Dom Bellot et son école », *L'Artisan Liturgique*, n° 33, avril-juin 1934.
————, « Quelques églises de l'architecte Van de Leur », *L'Artisan Liturgique*, n° 38, juil.-sept. 1935.

STOREZ, Maurice, « Quelques principes d'architecture », *L'Artisan Liturgique*, avril-juin 1929.
————, « L'architecture religieuse », *Renaissance*, 1934.

STUCKER, E., « Une perle d'architecture dans nos Cantons de l'Est, » *Technique*, oct. 1941.
————, « Note sur l'architecture Dom Bellot, o.s.b. », *Technique*, déc. 1941.

THIBAULT, Claude, NOPPEN, Luc, FILTEAU, Pierre, *La fin d'une époque. Joseph-Pierre Ouellet, architecte*, Québec, M.A.C., coll. « Civilisation du Quéc », 1973.

THIVIERGE, Charles-Édouard, « Considérations marginales sur l'Art architectural », *Architecture, Bâtiment, Construction*, n°s 228-229-230, avril-juin 1965.

TREMBLAY, Denis, « L'architecture de nos églises », *Architecture, Bâtiment, Construction*, n° 30, oct. 1948.
————, « Caractères et tendances de l'architecture religieuse dans le Québec », *The Journal : Royal Architectural Institute of Canada*, n° 323, juil. 1952.
————, « Nouvelles tendances de l'architecture religieuse au Québec », *The Journal : Royal Architectural Institute of Canada*, n° 453, mai 1963.

VAILLANCOURT, Émile, *Une maîtrise d'art en Canada*, Montréal, Imprimerie Populaire, 1920.

VENNE, Emile, « L'avenir de l'architecture religieuse canadienne », *Revue trimestrielle canadienne*, juin 1934.

VERMEIRE, C. R., « Architectes hollandais », *L'Artisan liturgique*, n° 42, juil.-sept. 1936.

VÉZINA, Roger, « L'église Sainte-Thérèse de Beauport », *Le Terroir*, n° 12, juin 1937.

VOISINE, Nive, *Histoire de l'église catholique au Québec 1608-1970*, (collaboration André Beaulieu, Jean Hamelin), Montréal, Fides, 1971.

ZAHAR, Marcel, « L'architecture religieuse moderne Dom Bellot », *L'art vivant*, 1930.

# Introduction

L'HISTOIRE de l'architecture religieuse québécoise au XX<sup>e</sup> siècle reste encore à écrire. Il existe, certes, quelques monographies éparses, ou quelques synthèses, certaines superficielles, d'autres mieux documentées, mais on ne trouve présentement aucune vue d'ensemble, aucune comparaison systématique des doctrines et des écoles de ce qui est une dimension importante de l'activité artistique des Québécois à notre époque. Il en va de même de l'architecture civile à laquelle l'architecture religieuse pourrait être confrontée en vue d'une interprétation plus globale de l'art québécois. Dans ce sens, des recherches sur des aspects spécifiques de l'architecture québécoise s'imposent en priorité.

C'est ce que nous nous proposons dans cet ouvrage en entreprenant l'étude d'un courant architectural particulier, le dom-bellotisme, qui fut bref — il s'étend sur une période de vingt ans, de 1935 à 1955 — mais qui a laissé des traces nombreuses dans notre architecture religieuse.

Le dom-bellotisme s'est développé en Europe, puis en Amérique du nord, particulièrement au Québec, après la première guerre mondiale, sous l'inspiration d'un moine français de l'ordre des Bénédictins, Dom Paul Bellot, qui croyait à la nécessité d'un renouveau dans l'art de construire les édifices consacrés au culte catholique. Il participait, de ce fait, à un mouvement plus vaste de transformation de l'art sacré en Occident, lui-même influencé par l'évolution du christianisme et aussi, bien entendu, par les grandes révolutions artistiques et littéraires qui avaient fait leur apparition à la fin du XIX<sup>e</sup> siècle.

Le dom-bellotisme n'est pas un courant majeur de l'architecture contemporaine, ni même de l'architecture

religieuse. Son influence fut assez restreinte si on la com-
pare à celle d'autres courants architecturaux de notre
époque. Elle est loin, cependant, d'être négligeable. Le
dom-bellotisme a inspiré plusieurs architectes en Europe
et au Québec. Il a laissé des traces trop nombreuses pour
qu'aucune histoire de l'art puisse vraiment les ignorer. Les
œuvres qu'il a produites sont souvent d'une réelle beauté,
mais il procède surtout d'une doctrine qui, même si elle
nous semble désuète aujourd'hui, avait suffisamment de
cohérence et d'originalité pour attirer des esprits soucieux
de renouveau et d'authenticité. Le dom-bellotisme apparaît donc comme l'une des nombreuses tendances qui
ont contribué à façonner le visage de l'art sacré de notre
époque et à le faire évoluer. Il mérite, à ce titre, l'attention
des historiens de l'art, surtout au Québec où, en raison de
la pauvreté de nos traditions en ce domaine et du contexte
sociologique, il a eu un rayonnement plus important que
partout ailleurs.

L'intérêt de ce mouvement se révèle d'ailleurs aux con-
troverses, parfois très vives, qu'il a provoquées. On s'en
convaincra par la diversité des témoignages à son sujet.
Certains l'admirent sans réserves. Ainsi Henri Charlier,
qui a beaucoup écrit sur Dom Bellot, n'hésite-t-il pas à dire
que « ... l'œuvre de Dom Bellot est tout à fait exceptionnelle... Les artistes ont rarement l'occasion de faire faire à
l'art un pareil saut dans l'histoire. »[1] À l'inverse, cependant, le Père Régamey, grande autorité en matière d'art
sacré, déclare :

> Cependant avec les années, ces « originalités » et les inutiles com-
> plications venant d'une imagination que le mauvais goût et les
> faux principes du milieu académique où il avait été formé avaient
> gâtée, iront en s'exaspérant : force sera de constater que d'œuvre
> en œuvre les plus dangereux défauts se trouveront plus singu-
> lièrement mêlés à des qualités plus magistrales que jamais.[2]

Entre ces deux points de vue extrêmes, Joseph Pichard,
dans un tableau de l'architecture religieuse à notre épo-

---

[1] Henri CHARLIER, « Dom Bellot », p. 30.
[2] Pie Raymond RÉGAMEY, « Bilan de l'époque 1920-1940 », p. 59.

que, définit peut-être plus justement la contribution de Dom Bellot, qui fut de permettre une transition. Ainsi :

> En ramenant aux normes du possible une conception de l'édifice religieux qui sans doute excédait l'époque, Dom Bellot n'a pas marqué celle-ci... Certaines parties de ses constructions cependant, ici la voûte d'une chapelle, ailleurs un escalier ou un mur de clôture, montrent qu'il n'était pas dépourvu du sens de la grandeur. Si de cette époque, qui doit être dite de transition, l'histoire retient quelques œuvres, les siennes seront du nombre.[3]

Les témoignages sont aussi variés du côté québécois et la pénétration du dom-bellotisme au Québec n'ira pas sans provoquer des remous que nous évoquerons plus loin. Ainsi, Gérard Morisset, dans un texte de 1928, estime-t-il que « grâce à la logique de ses principes et à la sincérité de son talent, il [Dom Bellot] est parvenu à faire rendre à ce matériau [la brique] des effets admirables de simplicité et de couleurs. De là, une abondance de formes nouvelles et élégantes. »[4] Morisset nuancera plus tard ce jugement, lorsque le dom-bellotisme aura davantage pris forme au Québec, mais l'enthousiasme initial demeure évident. Celui-ci, cependant, ne sera pas partagé par tous les architectes québécois, dont Émile Venne qui écrit : « Quant à l'architecture de Dom Bellot, non que je la dédaigne, car elle a sa beauté, elle est aussi loin de nous et de notre sentiment que la Hollande où elle est née. »[5]

Favorables ou non, ces témoignages attestent du rayonnement de la pensée de Dom Bellot qui ne suscita cependant pas d'études poussées ni en Europe, ni en Amérique. Plusieurs brèves études ont été publiées sur un monument en particulier, mais le dernier tableau d'ensemble date de 1927, alors que Dom Bellot n'avait pas encore réalisé la moitié de son œuvre. Il en va de même des recherches sur le dom-bellotisme au Québec, qui sont pratiquement inexistantes. À part quelques articles que les disciples directs ont publiés vers 1930, pour faire connaître Dom Bellot au Canada, on ne trouve aucune étude

---

[3] Joseph PICHARD, *Les églises nouvelles à travers le monde*, p. 22.
[4] Gérard MORISSET, « Le classicisme et ses faux dogmes », p. 59.
[5] Émile VENNE, « L'avenir de l'architecture religieuse canadienne », p. 185.

pénétrante par des Québécois sur le dom-bellotisme et sur l'influence de cette doctrine au Québec.

C'est ce qui explique l'orientation particulière de cet ouvrage, qui abordera le sujet sur trois plans. Un premier plan, qu'on pourrait appeler l'arrière-plan sociologique, où nous analyserons le processus précis par lequel ce courant d'idées issu de France a pénétré au Québec, comment il s'y est formé et de quelle façon ensuite il s'est développé pour devenir une donnée de la réalité socio-culturelle québécoise. Il s'agit, en somme, d'un essai de sociologie de l'art où avant d'étudier les œuvres, il apparaît utile de les traiter comme n'importe quel phénomène social, toujours tributaire des structures, des hommes et des mentalités. Notre propos se limite cependant, dans cette première étape, à une analyse purement descriptive qui permette de comprendre concrètement l'apparition du dom-bellotisme au Québec.

Sur un second plan, nous tenterons de faire une histoire proprement dite de l'art dom-bellotiste au Québec, c'est-à-dire une identification des architectes qui s'en sont inspirés directement ou indirectement et un relevé de leurs œuvres sur le territoire québécois. La pauvreté des recherches antérieures à celle-ci imposait cet inventaire préalable qui est finalement la seule façon d'établir s'il y a eu, d'une manière tout au moins quantitative, influence du dom-bellotisme au Québec.

Enfin, nous aborderons l'analyse des œuvres elles-mêmes avec deux objectifs : montrer d'une manière concrète ce qu'a été cette forme particulière d'architecture au Québec; et essayer d'établir, s'il y a lieu, de quelle façon le dom-bellotisme a été adapté au Québec ou, si l'on veut, de quelle façon l'influence de Dom Bellot s'est exercée sur les architectes québécois qui s'en réclamaient. On verra que ce sont les principes plutôt que le style de Dom Bellot qui ont influencé les architectes québécois, comme le souhaitait d'ailleurs Dom Bellot lui-même qui déclarait en 1934 : « Ce ne sont pas tant les formes d'art qu'il faut enseigner à la jeunesse que leurs principes invariables, c'est-à-dire : leur raison d'être, leur structure, leurs méthodes, leurs transformations suivant les besoins et les mœurs. »[6]

---

[6] Dom BELLOT, *Propos d'un bâtisseur du bon Dieu*, pp. 43-44.

# L'art religieux en France et au Québec 1900-1934

## De nouvelles doctrines

JETONS un regard d'ensemble sur la renaissance moderne de l'art religieux en France et sur le courant intellectuel auquel Dom Bellot se rattache et qui a grandement influencé la pensée architecturale au Québec après la première guerre mondiale.

### *Les théoriciens*

Dans cette renaissance, un rôle exceptionnel a été joué par quelques théoriciens qui ont défini les éléments de base d'un art chrétien nouveau[1]. Joris Karl Huysmans, entre autres, dénonça l'art officiel des milieux ecclésiastiques[2]. Ses invectives ouvrirent les yeux d'un grand nombre de catholiques et secouèrent leur indifférence et leurs préjugés. Le règne de la « bondieuserie » en fut ébranlé. Après lui, il fut impossible de négliger le problème du faux dans l'art. Les efforts ne cessèrent plus, ni les discussions.

D'autres contribuèrent également à former la pensée chrétienne en matière d'art. L'abbé Léonce Marraud,

---

[1] On trouvera un tableau d'ensemble de l'art religieux du début du XX<sup>e</sup> siècle en Europe dans : Albert MUNIER, *Un projet d'église au XX<sup>e</sup> siècle*; Joseph PICHARD, *L'art sacré moderne*; G. ARNAUD D'AGNEL, *L'art religieux moderne*.

[2] Joris Karl HUYSMANS : *En route*, 1901; *L'Oblat*, 1903; *La Cathédrale*, 1905-1908, Paris, Stock.

séminariste de Saint-Sulpice, publiait une brochure[3] qui fit
figure de manifeste, où il expliquait le rôle social que peut
jouer l'art religieux auprès des foules modernes. En ren-
dant plus belle la maison de Dieu, véritable centre de vie
commune, les artistes contribueront à satisfaire les plus
nobles aspirations de l'âme populaire. En 1917, Abel
Fabre formulait sur l'art chrétien[4] une doctrine qui devait
être adoptée par l'Arche et dont nous parlerons plus loin.

C'est cependant dans un court texte de Jacques Maritain que l'on trouve de la façon la plus frappante et la plus
précise la conception de l'art chrétien nouveau : « L'art
chrétien n'est pas une espèce de genre — comme on dit art
byzantin ou ogival — c'est par le sujet où il se trouve et par
l'esprit d'où il procède que l'art chrétien se définit... Tout
lui appartient, le profane comme le sacré... »[5] Et plus loin,
parlant plus spécialement de l'art d'église, il reprend : « Il
n'y a pas de style réservé à l'art religieux, l'art sacré doit à
toute époque assumer en les surélevant de l'intérieur, tous
les moyens de la vitalité technique que la génération contemporaine met à sa disposition. »[6] Il tranchait ainsi la
question, encore débattue en 1920, de savoir si l'art moderne pouvait trouver accès à l'église. Cet ouvrage eut une
grande importance puisqu'il mit au point, selon la doctrine
de saint Thomas, les principes qui animèrent les pionniers
de la renaissance de l'art religieux.

L'influence de Maurice Denis s'exerça non seulement
par sa peinture, mais par les conférences qu'il donna dans
toute la France et à l'étranger, notamment en Hollande, en
Belgique et au Canada. Par ses écrits, il envisageait de
rénover l'art religieux. Il voulait redonner à la beauté sa
valeur apologétique, améliorer le climat de l'art catholique, rompre avec les routines, redonner la vie à des
formes inertes. Il y avait beaucoup à faire : le poncif

---

[3] FABER (pseudonyme de Léonce Marraud), *Imagerie religieuse et art
    populaire*.
[4] Abel FABRE, *Pages d'art chrétien*.
[5] Jacques MARITAIN, *Art et Scolastique*, Paris, Librairie de l'art catholique, 1920,
    p. 93.
[6] Jacques MARITAIN, *Art et Scolastique*, Bruges, Desclée, 1965, p. 163.

régnait, l'objet liturgique était fabriqué en série, on n'osait pas autre chose qu'une imitation du passé. Cette laideur et ce mensonge l'indignaient, dans une maison de vérité encore plus qu'ailleurs. Il condamnait les formes et matériaux trompeurs, la nervure ogivale en ciment, les ors, les bronzes, les marbres feints, les plagiats. C'est au nom de la sincérité et de la vérité que Maurice Denis s'élevait contre les tendances trop exclusivement archéologiques. Cette notion de vérité tient une grande place dans sa doctrine esthétique. Voici ce qu'il écrit en 1922 :

> Pour moi je ne puis comprendre que le trompe-l'œil, sous une forme quelconque, soit admis à l'église. Tout mensonge est insupportable dans le temple de vérité. Je veux que les matières qui y trouvent place soient, non pas forcément riches et précieuses, mais sincères et véridiques... Il ne s'agit pas de simuler un vain luxe... C'est pour la même raison que j'écarte résolument la copie des styles d'autrefois. Le faux roman, le faux gothique sont aussi déplorables que le faux bois ou le faux marbre. On construit des chapelles, des églises, en ciment revêtu de staff, où l'on introduit après coup des semblants de nervures, des semblants de contreforts... qui ne sont là que pour tromper et pour mentir ![7]

Pour compléter ce tableau, il convient de mentionner l'influence considérable d'un critique d'art, Maurice Brillant, qui fit la synthèse des différentes doctrines ayant contribué au renouveau de l'art chrétien[8].

De ces diverses théories, on peut donc dégager deux idées dominantes : vérité dans l'art, c'est-à-dire refus radical du camouflage artistique dénoncé par tous, et retour à l'esprit du Moyen Âge. Les partisans de la leçon médiévale, filiation qui se fait à partir de Fabre, Maritain, Denis, Storez et Dom Bellot, insistent quand même sur la nécessité d'être moderne, c'est-à-dire parler le langage du temps comme les artistes du Moyen Âge parlaient celui de leur époque. Exprimant la pensée des artistes chrétiens du début du siècle, Maurice Brillant affirmait :

> Il ont le souci de se rattacher à l'art chrétien du passé, mais ils entendent agir comme les vieux maîtres en usaient eux-mêmes à

---

[7] Maurice DENIS, *Nouvelles théories (1914-1921)*, pp. 213-215.
[8] Maurice BRILLANT, *L'art chrétien en France au XXe siècle*.

l'égard de leurs prédécesseurs. Ils emploient les techniques de leur temps; ils louent Dieu avec le langage que parlent leurs contemporains, ils ne répudient pas leur style personnel, condition nécessaire de leur sincérité artistique[9].

Cet effort de renouvellement fut aussi soutenu par les revues d'art, telles que *La Vie et les arts liturgiques* (1914) et *L'Artisan Liturgique* (1927). Les journaux catholiques, *La Croix*, *La Vie Catholique*, réservèrent de larges rubriques aux questions d'art. Maurice Brillant multipliait les articles et les notes dans *Le Correspondant* et *Les Lettres*. Ainsi le désir et le goût d'un art digne du sanctuaire semblaient se répandre dans le public chrétien.

## Les artistes

Parallèlement, trois groupes de travail, qui se créèrent peu après l'armistice de 1918, exercèrent une influence considérable sur l'art sacré contemporain. À leur tête l'Arche, fondée en 1918 par Maurice Storez[10]. Pourquoi ce nom de l'Ancien Testament à un groupe d'artistes catholiques portés plutôt vers la modernité ? « Parce que, déclare son programme, l'Arche est le premier navire construit pour résister au Déluge, or à nos yeux le Déluge c'est le Désordre et nous voulons passionnément l'ordre; le Déluge, c'est l'anarchie, c'est l'individualisme.... »[11] Le nouveau groupe s'affirme donc comme une tentative d'ordre contre le désordre qui fait de l'artiste un être indépendant, libre de tout faire à sa guise. Il veut sauver ses membres de l'anarchie artistique. Il groupe des artistes et artisans catholiques, modernes de tendance, mais traditionnels d'esprit. Loin de renier le passé, ces artistes se tournent vers lui, non pour le copier mais pour le comprendre. Ils lui demandent non pas des formules, mais des principes. Ils veulent retrouver l'esprit des styles de l'art chrétien. L'Arche réunit des architectes, des peintres, des sculpteurs, des décorateurs, des orfèvres, des brodeuses...,

---

[9] *Ibid.*, p. 20.
[10] Les idées de l'Arche sont consignées dans une brochure intitulée *l'Arche*, Verneuil, Henri Turgis, 1919.
[11] *L'Arche*, p. 20.

en un mot des représentants de tous les arts[12]. Tous re-
connaissent une hiérarchie des divers arts et la subordination de l'ensemble à l'art majeur, l'architecture. L'une des
idées principales de l'Arche est précisément de faire de
l'architecte le véritable maître d'œuvre.

Le groupe de l'Arche se proposait de restaurer dans
l'art catholique une doctrine artistique qui permette
d'exécuter des œuvres collectives où chacun apporterait
sa collaboration à l'ensemble dans un véritable esprit
d'humilité. Tous ces artistes se mirent d'accord sur un ensemble de principes. En architecture par exemple, ils
déclaraient accepter le codex artistique en dix articles
proposé par Abel Fabre en 1917 dans ses *Pages d'art
chrétien*. D'après les articles de leur credo, les architectes de
l'Arche ne seront ni archaisants ni modernisants. Ils ne
feront ni du roman, ni du gothique et pas davantage du
moderne dans le sens que les pionniers de l'art du XXe
siècle ont donné à ce mot. Ils tâcheront seulement de
réaliser une construction logique, rationnelle où les
formes obéissent aux matériaux, et qui, tout en se
réclamant de la tradition vivante, s'inspire des plus
récentes recherches et des nécessités présentes. « Nous
n'avons ni à inventer un style moderne, ni à trouver un
style personnel : le style moderne naîtra tout seul de nos
tentatives collectives disciplinées par une même méthode
de travail. »[13]

Dans l'ensemble, l'Arche s'inspirait de toute évidence
de la philosophie thomiste et de l'esthétique qui peut s'en
dégager : « Nous appuierons enfin nos doctrines esthétiques sur les leçons des maîtres éminents de la philosophie
scolastique, qui ont su donner à la raison sa véritable
place. »[14] À partir d'octobre 1920, l'Arche publiait régu-
lièrement son bulletin dans *Les Lettres*, cahier mensuel de
philosophie, d'histoire, de littérature et d'art.

---

[12] Autour des architectes Storez, Droz et Dom Bellot, nous trouvons les sculpteurs Henri Charlier, Py, Dufresne, Jacques Martin, Castex, le peintre Valentine Reyre, l'orfèvre Luc Lanel et Sabine Desvallières qui avait ouvert un
atelier de chasublerie.
[13] *L'Arche*, p. 27.
[14] *Ibid.*, p. 29.

Dom Bellot était membre de l'Arche en tant qu'architecte et le programme de ce groupe résumait assez bien l'ensemble de ses convictions. Dans une lettre à l'Arche, il écrivait :

> Tout ce que vous dites me plaît beaucoup et réalise un rêve que je croyais devoir rester sans baptême. Savoir que tout un groupe se trace comme programme de réfléchir — veut ne pas se contenter de suivre son instinct — mais désire se soumettre à un principe, comprenant que du principe découle l'ordre et le moyen d'agir, tout cela est tout nouveau mais infiniment sage[15].

Un deuxième groupe appelé Les Artisans de l'autel (1919) ne présente pas de principes esthétiques aussi nets et une aussi rigoureuse unité que l'Arche. Les membres de ce nouveau groupe pouvaient appartenir à des écoles ou manifester des tendances assez différentes, et c'est en ces termes que leur président Lucien Jourdain définissait leur objectif, au cours d'une entrevue qu'il accordait à *Vie Catholique* : « Nous sommes une société de production; nous exécutons, sans parti pris esthétique mais en nous défendant du pastiche, tout ce qui se rapporte au culte; nous pouvons satisfaire à toute demande d'aménagement et de décors d'édifices religieux. »[16] Les Artisans de l'autel réunissaient donc des techniciens de tous ordres : des peintres, des sculpteurs, des verriers, des orfèvres, des ferroniers, des ébénistes..., tous ayant fait leurs preuves et ayant des états de service. Ils n'admettaient pas d'apprentis. Le peintre était au besoin vitrailliste ou mosaïste, l'orfèvre ne se contentait pas de créer des modèles, mais il les exécutait lui-même et le décorateur-ensemblier connaissait parfaitement toutes les techniques auxquelles il faisait appel. Ce sont des artisans dans le sens du Moyen Âge et ils ne signaient leurs œuvres que très rarement, leurs commandes étant exécutées en collaboration.

Les Artisans de l'autel avaient pour idéal la recherche et le renouvellement des formes selon l'esprit médiéval. On lit dans leur programme que :

---

[15] *Ibid.*, p. 60.
[16] Pierre Ladoué, « Ce que sont les Artisans de l'autel ».

> l'union [des Artisans de l'autel] avec la pensée et la vie de l'Église veut s'exprimer en formes sincères, sans singularité; ils restent fidèles aux saines traditions de l'art français et s'appliquent à respecter les règles liturgiques; sous cette double discipline, esthétique et religieuse, ils gardent chacun leur autonomie dans l'élaboration et la réalisation de leurs œuvres[17].

Ils avaient aussi le souci de satisfaire aux besoins des paroisses modestes, de produire des œuvres d'une élégante simplicité, à un prix aussi peu élevé que possible.

Fondé par Paul Croix-Marie, sculpteur décorateur, le groupe comprenait entre autres le ciseleur Thomasson, le peintre décorateur Lucien Jourdain, le verrier et mosaïste Le Chevalier, mais ne comptait pas d'architectes proprement dits. Lorsqu'on leur commandait une église ou une chapelle, ils s'engageaient à s'adjoindre un architecte.

Un dernier groupe mérite une attention particulière : les Ateliers d'art sacré, fondés vers fin 1919 par Maurice Denis et son ami Georges Desvallières. Dès 1910, Georges Desvallières avait tracé le plan d'une école d'art placée sous la protection de Notre-Dame de Paris et il écrivait : « C'est la vie qui sera la base de toute notre éducation artistique. La vie examinée, scrutée, surprise dans toute son intimité. Cette exploration quotidienne sera entreprise l'Évangile à la main; et cette étude nous éclairera sur ce que Dieu réclame de l'artiste moderne. »[18] Ce sont ces principes qui ont inspiré le programme des Ateliers d'art sacré.

Les Ateliers voulaient être avant tout un centre de vie catholique. Ils organisèrent donc des cours obligatoires de dogme et de liturgie spécialement appliqués à l'art et à la vie des artistes. Quant à l'enseignement artistique, ils partaient de ce principe « qu'il n'y a pas de formule spéciale d'art chrétien. »[19] Le secret de l'art chrétien était dans cette vie personnelle identifiant le chrétien, l'artiste et l'homme. Développer la sensibilité, libérer l'imagination des élèves, consulter avec eux les arts du passé, leur montrer la fixité

---

[17] Maurice BRILLANT, *L'art chrétien en France au XXᵉ siècle*, p. 79.
[18] Maurice DENIS, *Nouvelles théories (1914-1921)*, p. 278.
[19] *Ibid.*, p. 282.

des principes, la continuité de la tradition, tout en soulignant le vide des formules académiques de même que la
vanité des pastiches, les initier aux divers systèmes d'art
religieux (hiératisme, allégorie, symbolisme), sans perdre
de vue que le principe de l'expression religieuse est dans
l'observation de la nature et dans l'expérience personnelle
de la vie intérieure, tel est en résumé le programme que
Maurice Denis proposait à son école d'art sacré, afin de
produire des artistes dotés d'une solide formation à la fois
artistique, intellectuelle et spirituelle.

Organisée sur le plan de la Scola Cantorum de Vincent d'Indy, cette école groupait divers enseignements :
peinture, sculpture, décoration, vitrail, orfèvrerie... Si les
Ateliers d'art sacré ne formaient pas d'architectes, ce
n'était sûrement pas par principe, ni parce qu'ils mé-
connaissaient le rôle de l'architecture. « C'est de l'architecte, dit Maurice Denis, que nous attendons des commandes et des indications. Des ensembles pourraient
cependant être combinés, réalisés par l'École. »[20]

Le programme des Ateliers d'art sacré comportait une
étrange nouveauté. À l'encontre des simples groupements
d'artistes, ils devaient être une école et contrairement aux
écoles et académies, ils exécuteraient des commandes. Ils
entendaient se plonger tout de suite dans la vie et dans le
concret. Autant que possible, on travaillerait pour telle
église en particulier et, quand on le pourrait, ce travail
serait collectif, il y aurait collaboration des élèves avec le
maître, collaboration des élèves et des associés. Les élèves
qui étaient des apprentis d'abord devenaient des compagnons et collaborateurs rémunérés : c'était une véritable
corporation. Cette manière de comprendre le travail, de le
vouloir à la fois précis, ou concret et collectif, nous ramène à
ce que « l'élève était avant la Renaissance dans les boutiques
de Toscane et d'Ombrie, un apprenti, puis un auxiliaire du
maître. »[21]

---

[20] *Ibid.*, p. 280.
[21] *Ibid.*, p. 240.

Parmi les maîtres, à côté de Maurice Denis et de Desvallières, citons pour la broderie Sabine Desvallières, Madame Marrot pour l'atelier d'imagerie, et Roger de Villiers qui dirigeait l'atelier de sculpture. Les premiers compagnons des Ateliers d'art sacré furent les peintres Pierre Dubois, qui pratiquait la technique de la fresque, Marie-Alain Couturier, Lavergne et André Lecoutey, tous trois entrés par la suite dans les ordres, ainsi que les sculpteurs Dubos, Roger de Villiers, Bouffez...

Vers 1920, tous les espoirs pour une renaissance de l'art chrétien se rassemblaient donc autour des noms de Denis et Desvallières. Cela pour deux raisons : d'abord pour la rectitude et la force de leurs principes, ensuite parce qu'ils incarnaient l'art vivant aux yeux des artistes chrétiens et du clergé. Les Ateliers d'art sacré marquent un certain âge d'or de l'art religieux moderne. Dom Bellot ne faisait pas personnellement partie des Ateliers d'art sacré ni des Artisans de l'autel, mais l'Arche, comme groupe dont il était membre, entretenait des rapports étroits avec ces deux autres groupements artistiques. Cette école ne sera pas sans influence au Canada, où Maurice Denis fit un voyage en 1927[22]. Le Père Couturier et l'abbé Lecoutey du même groupe feront à leur tour des séjours plus ou moins prolongés au Québec. Quelques-uns de nos peintres, comme Paul-Emile Borduas (1928) et Jean-Philippe Dallaire (1938), ont été les disciples et les élèves de Georges Desvallières dans son atelier parisien. Ces différents courants d'idées étaient donc connus au Québec.

## Les précurseurs de Dom Bellot au Québec

Au Québec, sous l'influence des Européens, on cherchait peu à peu à sortir des sentiers battus. Les revues d'art

---

[22] Suzanne BARAZZETTI, *Maurice Denis*, p. 69.

européennes, en particulier, y furent pour beaucoup. Dans le clergé comme dans le public, on trouve des élites désireuses d'authenticité et de rigueur. L'abbé Jean-Thomas Nadeau, qui étudia à Lille en 1914, et le notaire Gérard Morisset comptent parmi ceux dont les écrits et les œuvres contribuèrent le plus à sensibiliser la population à la nécessité d'un renouveau de l'architecture religieuse. Ces deux théoriciens font le pont en quelque sorte entre les courants d'idées dont nous venons de parler et Dom Bellot lui-même. L'influence de la pensée européenne est assez évidente dans leurs écrits.

Nadeau et Morisset vont proposer une doctrine architecturale qui s'inscrit dans le renouveau intellectuel de l'époque au Québec. Dans cette doctrine, qui constitue une réaction contre la copie servile des styles anciens, la logique prend la place du pastiche. Elle se trouve exprimée dans une série d'articles publiés dans l'*Almanach de l'Action Sociale Catholique* de 1924 à 1930. Nadeau et Morisset ne s'intéressent qu'à l'art religieux, et ils essaieront de mettre leurs idées à l'épreuve dans quelques réalisations architecturales mineures. De ce point de vue, ce sont plutôt des théoriciens que des architectes. Fondamentalement, leur conception rejoint la doctrine rationaliste de Viollet-le-Duc formulée en 1863 dans son Xe entretien. Cette doctrine peut se résumer en trois points principaux : 1) la construction doit répondre à des besoins déterminés; 2) l'application rigoureuse des véritables principes de l'art de bâtir, c'est-à-dire construction franche et logique, concordance entre l'apparence et la structure, décoration originale déduite des membres architectoniques, respect des matériaux...; 3) la conception du plan, le système de construction approprié, les proportions et la décoration doivent satisfaire les yeux en même temps que la raison et l'imagination[23].

Que l'art religieux, par contre, puisse et doive être moderne, comme il l'a été à toutes les époques, voilà qui ne semble faire aucun doute pour Nadeau et Morisset. Ils

---

[23] Gérard MORISSET, « Le rationalisme en architecture ».

souhaitent d'abord un renouveau architectural, parce que l'architecte doit être de son temps, c'est-à-dire répondre à des besoins nouveaux tout en profitant de l'expérience du passé et en tenant compte des progrès de la science et de l'industrie. Ils prônent également l'étude des œuvres du Moyen Âge, non pour les copier mais pour en assimiler les qualités. Au Moyen Âge, rien n'était inutile dans une construction dont chaque membre, outre sa fonction utile, concourait à l'ornementation. C'est pourquoi ils n'interdisent pas l'utilisation des solutions anciennes demeurées bonnes, tout en se réservant de les assouplir pour les faire servir à de nouvelles fins. Ils sont donc vraiment précurseurs de Dom Bellot au Québec, puisqu'ils souhaitent la « modernisation à base traditionnelle. »[24] Néanmoins, s'ils proposent des changements, ils le font d'une manière très modérée et sagement conservatrice, tout en gardant le respect des données du passé.

Enfin, Morisset pose le problème d'une architecture religieuse nationale, c'est-à-dire caractéristique de notre race et de nos aspirations. Il veut revenir à la pratique de nos anciens qui encourageaient les artistes du pays : « Employons les ouvriers de chez nous, utilisons davantage nos matériaux, notre pierre surtout, la plus résistante qui soit et que nous avons en abondance. »[25] Il souhaite qu'on envoie les Québécois étudier leur art à l'étranger, mais qu'ensuite on les encourage et leur donne l'occasion de développer leur talent chez eux.

Cependant, Nadeau et Morisset n'avaient pas de théories bien arrêtées sur les formes. De ce point de vue, on peut dire qu'ils ont facilité la pénétration des idées de Dom Bellot un peu plus tard puisque, n'ayant rien de précis à lui opposer, ils laissaient libre place à celles du maître de Wisques, à savoir que « les formes architecturales doivent s'élaborer sur le plan des exigences techniques et à l'intersection de l'intelligence et du senti-

---

[24] Gérard MORISSET, « Architecture religieuse moderne ».
[25] Gérard MORISSET, « Édifices religieux en France et chez nous ».

ment »[26]. Il y a donc succession dans le temps et complémentarité des théories prônées au Québec vers 1925 et celle proposée par Dom Bellot à son arrivée en 1934. Stimulés par les écrits de Morisset et de Nadeau, plusieurs Québécois prirent conscience de l'avilissement de notre art religieux. Lorsque Dom Bellot arrivera au Québec, le public fera vite le lien entre les idées du moine architecte et celles de ces deux théoriciens.

## Le renouveau architectural au Québec

Ces nouvelles dispositions se manifestent dans deux exemples d'œuvres architecturales, le premier dans la région de Québec et le second dans la région de Montréal.

À Québec, l'église Notre-Dame-de-Grâce (1925), réalisée par Nadeau et Morisset eux-mêmes, est un édifice conforme aux lois de l'architecture telles que ses auteurs les concevaient. Ils ont voulu s'adapter avec logique et simplicité aux circonstances de moyens, de milieu, de temps, de lieu, de besoins et de matériaux. À l'intérieur, on retrouve l'application de la règle selon laquelle l'apparence doit correspondre à la mise en œuvre des matériaux [1]. D'inspiration normande, les charpentes apparentes des nefs sont en bois ainsi que les voûtes et le mur à claire-voie. Ces bois ne sont cependant pas recouverts de peinture et de dorure; le matériau est employé honnêtement et ses qualités intrinsèques servent de décoration; ainsi les teintes diverses du pin de Colombie, de l'érable, du chêne et du merisier sont mises en valeur. Il en est de même pour les murs des bas-côtés, du revers de la façade et de l'abside qui eux sont recouverts de plâtre. Il n'y a aucune falsification dans l'usage des matériaux. La détermination de Nadeau et Morisset de ne pas tolérer l'artificiel est appliquée ici d'heureuse manière.

---

[26] Dom BELLOT, « Réflexions sur l'architecture ».

On est frappé par l'absence absolue de symétrie de la
façade, mais c'est une construction conforme aux lois de la
logique, peu coûteuse et destinée à la pratique du culte
plutôt qu'à la satisfaction du regard. L'épaisseur des murs
réduite au minimum — imposée par les rigueurs du climat
canadien — et les hautes fenêtres géminées ont contraint
les architectes à épauler les façades latérales de minces
contreforts. Construits d'abord en brique, ces derniers
furent remplacés, en 1961, par de la pierre à cause des
infiltrations d'eau qui venaient des couvertures et
détérioraient la brique.

Cinq matériaux différents sont utilisés pour l'extérieur de cette église. Le granit gris foncé de la Rivière-à-
Pierre recouvre le soubassement, tandis que la brique
rustique « Citadel » forme le revêtement de la façade,
des murs des bas-côtés et de l'abside. La pierre calcaire blanche de Saint-Marc sert de décoration autour des
fenêtres et forme une bande au-dessus du soubassement qui encercle tout le bâtiment. Trois rangées de briques, de couleurs et de dimensions différentes de celle
utilisée pour l'ensemble de l'église soulignent les tympans,
la rosace et les ouvertures — abat-son — de la tour. La tôle
avec un faîtage en fer forgé est employé pour la couverture et, enfin, des tuiles de bardeaux d'amiante de couleur
grise et rouge recouvrent le clair-étage. Malgré la variété
des matériaux employés, ce n'est pas une architecture de
trompe-l'œil, car il y a là un souci de respect de la matière.
On a eu recours à des matériaux différents uniquement
pour obtenir une décoration des formes essentielles qu'ils
soulignent. Notre-Dame-de-Grâce est donc une église qui
ne pastiche aucun style. Elle est aussi sans truquages ni
mensonges et, en ce sens, elle concrétise la doctrine de
Nadeau et Morisset.

Ces architectes collaborèrent aussi à l'établissement
des plans de l'église Saint-Gilbert de Portneuf. De plus,
Nadeau a agi comme architecte-conseil à l'église de la
Rivière-à-Pierre et il a surveillé l'exécution de l'église
Saint-Sacrement à Québec. Morisset, pour sa part, conçut

plusieurs dessins et compositions pour églises et petits oratoires qui ne furent jamais exécutés.

À Montréal, autour de 1930, un désir de renouveau se fait également sentir. Ainsi l'abbé Olivier Maurault exprime le vœu de voir naître une architecture plus franche, plus logique et s'oppose à la copie des styles anciens[27]. Ses écrits n'eurent ni le rayonnement ni l'influence de ceux de Morisset et de Nadeau à Québec, mais ses idées firent leur chemin dans le milieu montréalais et se sont concrétisées dans un monument qui a prélude au renouveau architectural, l'église Saint-Germain d'Outremont (1931). Érigée d'après les plans des architectes Charles David, René-Rodolphe Tourville et Jean-Julien Perreault, cette église est un excellent exemple de ce que la technique moderne peut ajouter aux traditions, car ses architectes novateurs sont en même temps profondément traditionnels. On peut le constater par exemple dans la voûte en plein cintre de la nef et dans les voûtes en cul-de-four de l'abside et des chapelles du transept [2]. On peut aussi l'observer dans la forme des ouvertures : rose de la façade, roses du transept et fenêtres géminées.

L'originalité de leur construction réside d'abord dans le plan qui présente la nouveauté de supprimer les trois nefs traditionnelles pour n'en faire qu'une seule. La franchise du plan est totale, il n'y a même pas de couloir de circulation et la nef n'est pas encombrée de piliers ou de colonnes. Cette disposition cadre donc avec les tendances de l'architecture nouvelle, car elle permet aux fidèles de voir l'autel de toutes parts. Ce vaste espace est obtenu grâce à l'utilisation d'un matériau nouveau — le béton armé — qui conditionnera tout le sytème d'équilibre de l'édifice. Ainsi les arcs lancés au-dessus des fenêtres s'encastrent dans les murs, sans toutefois avoir une fonction portante : ils ne font que rythmer les travées. « La voûte est solidement armaturée et posée sur des piliers trilobés, encastrés dans les murs dont la force s'augmente inutilement de ce double étai. Il y a dans ce vouloir un

---

[27] Olivier MAURAULT, *Marges d'histoire*, tome II, p. 143.

accord fondé entre l'architecture fonctionnelle, que permet l'emploi du ciment armé, et le goût du décor. »[28] Les murs s'évident presque entièrement et la lumière pénètre abondamment.

Trois matériaux traités avec authenticité forment tout l'intérieur : le marbre pour la base des murs, le plâtre pour les murs et les colonnes et le béton armé pour la voûte. Dans cette église, la matière est affirmée plutôt que dissimulée et le plâtre n'est pris pour aucune autre matière que du plâtre. La logique a présidé à la construction, la décoration fait corps avec l'architecture, de sorte qu'une grande sobriété s'en dégage. L'aspect roman est rajeuni autant dans sa matière qu'en ses contours. Saint-Germain est un exemple de réussite d'une église construite suivant un idéal qui voulait faire revivre et adapter les formes anciennes à de nouvelles conditions.

Dans l'ensemble, on constate donc que l'arrivée de Dom Bellot au Québec a été préparée par un effort de réflexion, au moins à l'intérieur d'une petite minorité, et par quelques réalisations. Celles-ci ne sont pas entièrement dégagées de la tradition, mais elles s'éloignent des surcharges décoratives du tournant du siècle que l'on rencontrait dans l'église Saint-Georges de Beauce [3] ou celle de Thetford-Mines (1907), par exemple.

---

[28] Maurice GAGNON, « L'église Saint-Germain d'Outremont ».

# II

# Dom Paul Bellot,
# moine architecte

## Sa vie

NÉ à Paris le 7 juin 1876, d'une famille d'architectes, Paul Bellot fut d'abord orienté vers une vie artistique qui devait lui permettre de poursuivre la carrière familiale. Il entra en 1894 à l'école des Beaux-Arts, chez Marcel Lambert, où il obtint, en 1901, son diplôme d'architecte. Il visita à cette époque l'Italie et l'Espagne, pays de la couleur et de la lumière, et put affirmer son goût de la polychromie en de jolies aquarelles, entre autres une « Maison de famille et cercle d'étudiants français à Madrid » qui lui valut une mention spéciale au Salon de 1901.

En 1901 également, à l'époque de l'expulsion des religieux, consécutive à la séparation de l'Église et de l'État, il entrait au monastère pour se faire moine bénédictin. Les moines de Solesmes étaient alors exilés en Angleterre dans un vieux château de l'île de Wight. D'autres communautés françaises, dont le prieuré de Saint-Paul de Wisques (Pas-de-Calais), en France, se réfugièrent en Hollande, près de Bréda. Le Père Abbé, Dom Paul Delatte, annonce alors à Dom Bellot : « Mon enfant, vous partirez dans quelques jours à Oosterhout pour y commencer la construction d'une abbaye. » C'est ainsi que le moine architecte, croyant avoir abandonné l'architecture pour la vie religieuse, allait au contraire y consacrer la plus grande partie de son temps.

Il fit ses débuts artistiques en dessinant les plans de deux grands monastères : l'un sur le versant nord de l'île

de Wight à Quarr Abbey, terminé en 1912 par la construction de l'église abbatiale, l'autre achevé en 1920 par
l'édification du sanctuaire d'Oosterhout. Et la réputation
de Dom Bellot commença à s'établir. Les revues d'art
européennes et américaines lui rendirent hommage, de
même que la Société Centrale des Architectes français, en
lui présentant en 1932 une médaille pour « ses remarquables travaux d'architecture privée »[1]. Dans son « Rapport sur les travaux de la Commission des récompen-
ses », M. Alphonse Defrasse, membre de l'Institut, lou-
ait cette « architecture profondément logique, très
raisonnée, ne sacrifiant rien à la mode et pourtant très
moderne »[2]. Dom Bellot fit plusieurs églises, séminaires,
collèges et chapelles, aussi bien en Hollande, qu'en Belgique et en France.

En Hollande, il eut des difficultés de langage avec
les maçons, dont il nous fait part dans son autobiographie : « ... et toujours, sauf en France, des entrepreneurs
et des ouvriers ne parlant pas votre langue et parlant de
bâtiment, spécialité qui a en tout pays son langage technique, sur lequel les dictionnaires ne renseignent guère. »
Il lui fallut aussi se familiariser avec les mesures du pays,
bien compliquées pour les habitués du système métrique,
et apprendre la technique des très habiles briqueteurs de
ce pays de la brique où des maîtres tels que les architectes
J. T. Cuypers et Berlage l'aidèrent dans cette tâche ardue.

En Belgique, on fit appel également à ses services.
En 1928-1930, il construit le couvent de la Visitation à
Crainhem près de Bruxelles, employant désormais le
béton armé uni à la brique. Après vingt-six ans d'exil à
l'étranger, Dom Bellot revient en France en 1928, pour y
poursuivre son apostolat artistique. À Comines, dans le
Nord, il bâtit l'église Saint-Chrysole, avec la collaboration
de Maurice Storez, directeur de l'Arche.

---

[1] Edgar COURCHESNE, « Dom Bellot, o.s.b. ».
[2] Maurice BRILLANT, « L'architecture religieuse moderne avec Dom Bellot,
   moine-architecte ».

En tant que membre de l'Arche, il travailla pour l'église d'Audincourt dans le Doubs (1931), avec Henri Charlier, Fernand Py et Valentine Reyre. L'architecte, les sculpteurs et le vitrailliste, tous membres de l'Arche, puisant aux mêmes sources d'inspiration et également convaincus de la nécessité d'une collaboration subordonnée au maître d'œuvre, créèrent une œuvre d'une très grande unité de style.

En 1926, il entreprit une correspondance suivie avec un autre architecte québécois, Adrien Dufresne, grâce auquel il devait venir au Canada en 1934 donner une série de dix-neuf conférences sur l'art religieux moderne. Le père Henri-Paul Bergeron, de la congrégation des pères de Sainte-Croix, assista à ces conférences et proposa Dom Bellot comme architecte pour venir terminer les travaux de la Basilique Saint-Joseph du Mont-Royal (fin 1936). Puis la guerre le retint au Canada. En 1939, il acceptait de mettre son talent et son expérience au service des Bénédictins de Saint-Benoît-du-Lac, en dressant les plans et devis de leur futur monastère. Il en commença l'exécution, mais il ne put la terminer avant sa mort survenue à Québec en 1944. Inhumé à Saint-Benoît-du-Lac, Dom Bellot est la figure même du moine bâtisseur.

## Ses principes esthétiques

On ne peut apprécier l'œuvre de Dom Bellot sans bien connaître ses principes esthétiques et architecturaux. Il les expliqua lui-même dans ses conférences au Canada en 1934 et dans un article de *l'Artisan Liturgique* intitulé « Réflexions sur l'Architecture ». Depuis son entrée au monastère, il ne cessa jamais de réfléchir à la destinée de l'art et à la nécessité de sa réforme. Dans sa première conférence sur « Le renouveau de l'art et du goût », il déclare : « L'apprentissage de la vie monastique, fort heureusement, me permit de me livrer vraiment à la

réflexion, de me dégager de la fascination des formes anciennes et de découvrir pour mon profit l'âme même de la
tradition, son courant vital, et en lui, les principes perdu-
rables de l'art et du goût. »[3]

Il a donc recherché les fondements métaphysiques de
l'art et de la pensée oubliés depuis la Renaissance. Il appuie ses principes esthétiques sur les leçons des maîtres
éminents de la philosophie scolastique qui ont su donner à
la Raison une place souveraine. Sa conception du beau et
de l'esthétique est thomiste par excellence. Saint Thomas
d'Aquin, reprenant les doctrines de Platon, d'Aristote et
de saint Augustin, affirme que l'ordre est essentiel à la
beauté. Le beau, selon lui, consiste dans une juste proportion des choses[4]. L'harmonie dans une œuvre d'art est la
condition la plus importante à sa beauté, car elle com-
mande la forme qui apparaît à nos yeux. La beauté ne doit
pas être factice, mais profondément incorporée à l'œuvre.
Elle résulte de l'œuvre elle-même, d'une harmonie
intrinsèque, d'un juste équilibre de ses parties. D'où la
clarté et la vérité, autres qualités essentielles à l'œuvre
d'art. Pour être belle, une œuvre doit être vraie et ne
saurait exister sans la parfaite convenance technique de la
construction. Un édifice n'est pas beau s'il ne répond pas
parfaitement à sa destination et s'il n'a pas d'harmonie.
Dom Bellot reprend ces critères de beauté comme condition fondamentale à sa doctrine. Ses principes architecturaux découlent de ces principes philosophiques.

## Ses principes architecturaux

Après la formation architecturale que lui donna son père
et celle qu'il acquit à l'École des Beaux-Arts, c'est Viollet-
le-Duc qui a le plus influencé Dom Bellot. Il lui fit com-

---

[3] Dom BELLOT, *Propos d'un bâtisseur du bon Dieu*, p. 43.
[4] Edgar COURCHESNE, « La raison dans les arts ».

prendre la logique et la sincérité de l'architecture française du Moyen Âge, improprement appelée gothique. Partisan des principes rationalistes, Viollet-le-Duc avait découvert l'esprit scientifique des maîtres d'œuvre des églises du Moyen Âge, la logique de leur système de proportions fondé sur l'échelle humaine, la subordination voulue du décor à la construction. Dom Bellot considérait toutefois que les théories des rationalistes « vues sous un certain angle » aboutissaient à « une esthétique si dépouillée qu'elle cesse d'être humaine »[5].

Dans son autobiographie, Dom Bellot cite également Choisy comme source d'influence sur sa pensée : « Choisy, dans son histoire de l'architecture et ses études sur les Égyptiens, Grecs, Romains, Byzantins, a été pour moi un libérateur... il dégage de toutes les compositions l'essentiel sans s'arrêter aux détails ou à l'accidentel. »

Il faudrait également parler de l'architecte espagnol Gaudi dont il est fort probable que Dom Bellot se soit inspiré. Rappelons que Gaudi est l'un des pionniers du renouveau architectural du XXe siècle. A l'instar de Dom Bellot, il a largement puisé à la pensée de Viollet-le-Duc. L'attitude de Gaudi envers l'architecture du passé et la renaissance des styles historiques coincide avec celle que Viollet-le-Duc développa dans tous ses écrits. Nous n'avons aucune preuve précise de l'influence de Gaudi sur Dom Bellot et celui-ci n'en a jamais fait allusion d'une manière explicite. Néanmoins, il est probable que Dom Bellot, curieux de tout ce qui se faisait à son époque, ait connu l'œuvre de Gaudi et qu'il ait même eu l'occasion de l'observer directement lors d'un voyage qu'il fit en Es- pagne avant d'entrer au monastère en 1901.

Le rapprochement entre Gaudi et Dom Bellot peut paraître étonnant. Cet architecte de génie, longtemps considéré comme un « baroque délirant, expressionniste, cubiste, surréaliste », selon l'expression de François Mathey, commence à être réhabilité. Comme le dit tou-

---

[5] Dom BELLOT, *op. cit.*, p. 77.

jours François Mathey, on doit le considérer comme « un bâtisseur fonctionnel, logique, organisé, et dont l'hallucinante fantaisie naturaliste ne doit pas faire oublier l'équilibre rigoureux »[6].

De plus, on constate un certain nombre de convergences entre ce que fit Gaudi et plusieurs réalisations de Dom Bellot qui font croire à une inspiration sur le plan structural et formel. Certains auteurs prétendent que Dom Bellot a découvert l'arc parabolique. Il n'en est rien puisque Gaudi a lui-même employé l'arc parabolique dans plusieurs de ses œuvres : Palais Güell (1885-1889) [4], Collège de Santa Teresa de Jesus (1889-1894) et Maison Battlo (1905-1907), toutes trois à Barcelone. Gaudi, en outre, utilise largement la technique des contreforts intérieurs, ce que fera également Dom Bellot dans toutes ses églises, à tel point qu'on peut la considérer comme l'une des caractéristiques de son style. On doit noter, cependant, que les arcs de Gaudi reportent leurs poussées sur des piliers inclinés et brisent ainsi l'équilibre traditionnel de la construction. C'est là, bien entendu, une forme que l'on ne trouvera pas chez Dom Bellot. Trois autres éléments de convergence sont enfin à retenir entre Gaudi et Dom Bellot : la brique que l'un et l'autre emploieront principalement comme matériau de base, la polychromie, et enfin la lumière que les deux architectes traiteront comme créatrice de forme.

Lors de son voyage en Espagne, Dom Bellot fut très impressionné par l'art mozarabe et nous en retrouvons des traces dans certaines de ses constructions. Ainsi, le cloître de Solesmes [5] et celui du monastère Les Tourelles à Montpellier [6] ont beaucoup de parenté avec l'Alhambra de Grenade, en particulier la partie qui se trouve en face de la porte des lions [7]. L'influence espagnole est également manifeste à Quarr Abbey[7]. Dom Bellot se serait ici inspiré des voûtes mauresques de Cordoue et de Tolède pour construire la voûte et les nervures de brique de ce sanctuaire [8]. Les nervures de brique ainsi que les motifs

---

[6] François MATHEY, *Gaudi*, Pionniers du XXᵉ siecle, Paris, 1971, p. 9.
[7] Nikolaus PEVSNER, « Quarr and Bellot ».

réalisés par ce matériau l'ont fasciné dès le début de sa carrière. S'inspirant cette fois du monastère de Poblet (Tarragone) ainsi que d'autres édifices monastiques et séculiers catalans (Tinell et Atarazanas, à Barcelone), il réalisa le réfectoire [9] et la salle du chapitre de Quarr Abbey. Mais ce procédé avait également été utilisé par les Cisterciens dans le sud de la France (Le Thoronet).

Outre la forme de certains arcs, les éléments de décoration, avec briques aux tons divers, font quelquefois penser aux savantes alternances de l'art musulman comme, dans le cloître du monastère de Vanves, certaines frises de briques noires et blanches dont le motif se retrouve à l'extrados des arcs. C'est ce qu'évoque aussi le sanctuaire de l'église de Heerle. De plus, la polychromie des constructions de Dom Bellot doit beaucoup à l'art perse et assyrien de même qu'aux temples égyptiens. Ainsi pour la basilique Saint-Joseph du Mont-Royal à Montréal, Dom Bellot avait prévu de peindre les murs, les arcs, les colonnes et le plafond en rose, violacé, vert... [10].

Les deux principes qui ont dominé l'œuvre architecturale de Dom Bellot sont : 1) la priorité de la ligne et de la forme sur la lumière et la couleur, une priorité qui a rapport à la vérité et à la logique de l'œuvre; 2) l'importance secondaire, mais encore essentielle, de la lumière et de la couleur comme éléments nécessaires à la beauté qui s'adresse aux sens. Le premier de ces principes assimile ce qu'il y a de plus authentique dans les théories purement rationalistes de l'art; le second assimile ce qu'il y a de plus authentique également dans les théories opposées, de caractère plutôt sensualiste. L'union des deux principes s'équilibre et nous préserve d'un art, soit trop abstrait, soit trop matériel, soit rationaliste, soit impressionniste. Dom Bellot affirmait : « C'est sur le plan des exigences techniques et à l'intersection de l'intelligence et du sentiment que s'élabore le jeu de ces formes matérielles que sont les formes architecturales. »[8] Il ne faut pas se limiter à la logi-

---

[8] Dom BELLOT, « Réflexions sur l'architecture ».

que. La poésie et le sentiment doivent aussi avoir place dans les églises.

L'adoption de tels principes conduit non seulement à établir une distinction arbitraire entre un art « matérialiste » et un art « spiritualiste », mais à considérer que l'impressionnisme ne peut exprimer le sacré chrétien. « L'impressionnisme, quel est-il, s'exclame Dom Bellot, sinon la traduction plastique d'un agnosticisme sensualiste ? Ne pouvant connaître le monde autrement que par les sensations d'un moment, voilà tout ce que cet art peut donner de vraiment sincère. »[9]

Un autre important principe de Dom Bellot architecte est le suivant :

> Les formes architecturales sont dans la matière qu'elles animent. L'architecture comble une partie de l'espace en délimitant un espace intérieur, elle est l'art des volumes et son œuvre est un corps avec trois dimensions... Les notions de plan, de structure et de masses sont indissolublement unies dans l'organisation de l'édifice et ce n'est pas sans péril qu'on peut les abstraire.[10]

## Sa conception de l'église

En Dom Bellot, il y a l'architecte et il y a le moine. L'architecte, comme déjà dit, pense que la logique est une condition de la beauté. En conséquence, il doit exister entre le plan et l'évaluation d'un édifice un rapport d'harmonie. Le moine, lui, se fait de l'église, une idée toute mystique; il veut qu'elle soit avant tout un lieu de recueillement et d'élévation. À cet effet, l'église toute entière est ordonnée en fonction du sanctuaire et surtout du maître-autel, vers lequel convergent les lignes architecturales en même temps que s'y concentre la lumière. « Toute la structure interne de l'église doit être en fonc-

---

[9] Dom BELLOT, *Propos d'un bâtisseur du bon Dieu*, p. 82.
[10] Dom BELLOT, « Réflexions sur l'architecture ».

tion de l'orientation des fidèles vers l'autel, centre de l'assemblée chrétienne. »[11] Ce sont donc surtout les exigences liturgiques qui guident son programme. Les formes et les lignes doivent conduire le regard vers l'autel, afin que le peuple chrétien puisse parfaitement s'associer au saint sacrifice. Les édifices du Moyen Âge ne le permettaient qu'en partie. Les nefs étaient encombrées de piliers massifs qui cachaient la vue de l'autel aux assistants placés dans les bas-côtés. De plus, la multiplicité des colonnes empêchait le peuple de sentir l'unité matérielle de l'édifice, contrairement aux églises de béton qui lui permettent de franchir de très grandes portées d'un seul coup d'œil. Ainsi, grâce aux nouvelles techniques et aux nouveaux matériaux, les architectes peuvent désormais construire des nefs plus larges que celles des grandes cathédrales. À Nimègue, par exemple, Dom Bellot construira une nef de vingt mètres de large.

Dom Bellot, de parti pris, a toujours remplacé les bas-côtés par de simples allées de circulation ménagées entre le mur extérieur et la base des contreforts. Ceux-ci ramenés à l'intérieur permettent à un même volume d'enclore une plus grande surface intérieure. Une telle ordonnance que l'on retrouve d'ailleurs dans les églises de Noordhœk [11], de l'Immaculée-Conception d'Audincourt et de Notre-Dame-des-Trévois [13][12], présente l'avantage de grouper l'assemblée et de lui imprimer, avec le concours des formes, une orientation commune que renforce l'ouverture bien marquée du transept. Ce dernier ne vient pas chevaucher et trancher comme un second édifice sur le premier, il assure au contraire la continuité de la nef et du chœur. De partout, l'autel est visible aux fidèles qui peuvent suivre les rites et y participer. Le retour à l'esprit de la liturgie de l'Église, commencé par Dom Guéranger, celui qui fit revivre en

---

[11] *Ibid.*
[12] Il y a cependant une exception qui est l'église Notre-Dame-de-la-Paix à Suresnes [14]. Dom Bellot avait à réaliser une église sur un emplacement immense et avec très peu de crédit. Pour éviter de construire une église qui aurait paru démesurément petite, il conçut une nef très élevée avec des bas-côtés.

France en 1830 la vie bénédictine anéantie par la Révolution, appelait cette application concrète dans l'ordre de
l'architecture, c'est-à-dire franchir un grand espace sans
point d'appui intermédiaire.

C'est donc par l'autel que s'explique la configuration
du plan et c'est l'autel qui commandera la distribution de
la lumière. Nous touchons ici à l'idée principale de toute la
conception que se fait Dom Bellot de l'église. Les effets
requis par les exigences liturgiques, c'est-à-dire mettre
le sanctuaire et l'autel en valeur, il les obtient de diverses manières. Ainsi, l'église de Quarr Abbey devait s'harmoniser avec les tendances et les besoins de la vie
monastique. Elle comporte trois parties bien distinctes : la
nef relativement basse, le chœur des moines beaucoup
plus élevé, et encore plus élevé le sanctuaire; l'éclairage
médiocre dans la première partie, devient plus intense
dans le chœur pour s'épanouir dans le sanctuaire [15, 16,
17]. Celle d'Audincourt, d'autre part, devait s'adapter aux
besoins de chrétiens vivant dans le monde : le mystère
enveloppe l'autel dans une lumière discrète [18], le transept éclairé plus directement conduit à la lumière intense
de la nef [12].


## Son style

« Une recherche dans le même sens, une patience tenace
pour arriver à plus de perfection, un progrès lent mais
réfléchi, fondé sur des expériences déjà faites, voilà le secret des réussites. Ce mouvement continu, dans le même
sens, dans le même esprit, c'est ce que nous nommons la
tradition », disait Dom Bellot dans sa conférence « Art et
tradition » en mars 1940. La tradition ainsi comprise est
un moyen sûr d'aller de l'avant. Elle donne des principes
qui peuvent se développer en conséquences nouvelles et
multiples. Toute innovation dans l'esprit de la tradition est
vivante et originale. C'est pourquoi, pour Dom Bellot, tout
novateur est un continuateur.

Le bénédictin veut faire revivre l'esprit médiéval en l'adaptant aux conditions modernes. « L'art du Moyen Âge, l'art chrétien par excellence était de son temps et nous ne pouvons plus sincèrement le rééditer. Tout d'ailleurs s'y oppose. Mais nous devons reprendre son esprit et adapter nos moyens modernes, ce qui amènera logiquement une révolution totale, au moins une innovation profonde en ce qui est des aspects extérieurs. »[13] Tout style appartient à une époque. Il ne faut pas s'attacher à revivre le passé, mais plutôt à le connaître pour s'en servir. Dom Bellot demande aux constructeurs du Moyen Âge non des formules, ni un style, mais leurs principes d'où peuvent sortir des solutions nouvelles adaptées à nos matériaux, nos besoins et nos conditions existentielles. Certes, les architectes de notre temps doivent tirer leur inspiration de la civilisation actuelle et tenir compte des idées de progrès, mais en même temps il leur est nécessaire de connaître les édifices du passé. Sur cette question, Dom Bellot s'accorde avec la doctrine de l'Arche.

Tout comme les architectes du Moyen Âge, Dom Bellot a compris la nature propre et le plein rendement de chaque matériau qu'il a employé avec une logique impeccable et une puissante originalité. Il a fait pour la brique ce que les maîtres d'œuvre du Moyen Âge ont fait pour la pierre : l'ornement lui-même est tiré des éléments de la construction. Ainsi, dans la chapelle de Bloemendaal [19], la décoration naît de la disposition même du matériau, ce qui est dans la tradition française depuis le Xe siècle. Mais ici Dom Bellot la transpose de la pierre à la brique. Pour l'abbaye Saint-Paul d'Oosterhout [20], il se sert du matériau imposé par le sol et les ressources financières — la brique — et il va jusqu'au bout des possibilités de la technique adoptée. Les six grandes fenêtres de la chapelle du collège d'Eindhoven [21], qui est peut-être le chef-d'œuvre de Dom Bellot quant à l'aspect extérieur, ont des divisions analogues à celles qu'on leur a données depuis le XIIe siècle. On voit donc que Dom Bel-

---

[13] Dom BELLOT, conférence sur « Les Conditions d'un vrai style », citée dans *Le Devoir*, 22 fév., 1934, p. 2.

lot suit l'esprit traditionnel, mais ne pastiche pas les formes. La brique ordinaire employée sans mouluration remplace les réseaux de pierre sculptée et impose des formes qui lui sont particulières, en faisant le même office qui est d'assurer pour l'œil la continuité du mur dans les grandes baies et de diviser la lumière. En cela comme dans la conception générale de la décoration, Dom Bellot respecte la tradition puisqu'il veut que les éléments de la construction restent apparents pour servir à la décoration. À Audincourt [12], comme dans toutes ses autres églises, il s'est appliqué à tirer l'effet décoratif des formes logiques de la construction.

## La brique

« Bâtir, c'est mettre de l'esprit dans une matière, il faut pour cela savoir se soumettre à toutes sortes de disciplines, celles de l'âme, celles de l'intelligence en particulier, celles enfin que les *matériaux* employés nous imposent. »[14] En France, outre la brique, Dom Bellot emploiera éventuellement le béton comme ossature de la construction : Comines [22], Audincourt [12], Suresnes [23]. Il utilisera même la pierre, si nécessaire : Saint-Joseph des Fins à Annecy, le cloître de l'abbaye de Solesmes [5]. En Angleterre, en Hollande et en Belgique, la brique étant le matériau courant, Dom Bellot l'accepte et l'assujettit à son style. Ce matériau qui remonte à la plus haute antiquité, il l'adapte pour répondre aux critères de la bonne construction : emploi d'un matériau économique dont les caractères demeurent apparents dans la construction pour fournir l'ornementation. Il rend toute sa dignité à la brique car, avant lui, elle était ou bien revêtue de matériaux plus riches ou bien employée en mélange avec la pierre, celle-ci faisant toujours au moins le cadre des ouvertures.

Avec la brique, Dom Bellot a lancé des arcs cintrés ou brisés et tracé des nervures de voûtes [24]. Il a également

---

[14] Dom BELLOT, *Propos d'un bâtisseur du bon Dieu*, p. 48.

imaginé des arcades surmontées de triangles où les briques — posées en porte-à-faux — se présentent en se décrochant d'une assise à l'autre. Au-dessus des baies, il obtient ainsi un dessin dentelé qui strie d'ombres les plans lumineux et rompt la monotonie d'un mur plat. Ce parti se retrouve dans les fenêtres de plusieurs bâtiments et en particulier dans le monastère de Vanves [25]. Dans ce monastère, la salle du chapitre est de plan octogonal. Son plafond est soutenu par huit vigoureuses nervures de briques qui s'épanouissent à la manière d'un palmier autour d'une colonne de briques bleues et blanches [26]. Une telle disposition fut fréquemment adoptée au Moyen Âge, à cette différence près pourtant que l'arc aboutit ici aux trois quarts de sa course. On retrouve aussi ces nervures dans la voûte du sanctuaire de Quarr Abbey [8] et dans celle de la chapelle de Bloemendaal [19].

Cette découverte du « tas de charge » a été faite sur les chantiers par Dom Bellot et les ouvriers eux-mêmes lors de la construction des premières églises. C'est une technique qui offre, en plus de son intérêt esthétique, des avantages économiques en ce qu'elle ne nécessite pas de coffrage, l'arc tenant par lui-même.

À cause de son absolu respect de la matière, Dom Bellot va s'abstenir d'utiliser de la brique moulurée et il n'emploiera que de la brique pure et simple. Par les dispositions ingénieuses de ses angles, la brique joue le rôle de la sculpture sur les bandeaux, les corniches, les archivoltes et le pourtour de certaines rosaces comme sur la façade de Notre-Dame-des-Trévois [27]. Les chapiteaux eux-mêmes il les obtient par des rangs de briques en saillies de couleurs différentes. L'illustration la plus marquante de cette pratique se trouve à Notre-Dame-de-Trévois [13] et dans le réfectoire de l'abbaye Saint-Paul de Wisques [28]. L'emploi d'abord exclusif de la brique l'amène peu à peu à préférer les formes rectilignes, comme le montrent le portail de Neuvy-sur-Barangeon [29] et les fenestrages en briques contrariées de la façade postérieure du monastère Les Tourelles [30]. De plus, les arcs du cloître sont remplacés par des redents en briques.

À Quarr Abbey et à Saint-Paul d'Oosterhout, Dom Bellot n'avait pas encore décidé de faire les chapiteaux et toute l'ornementation en briques. Ainsi dans le cloître et le réfectoire, les grands arcs retombent sur des dés de ciment remplaçant la pierre [9].

De la brique, le décorateur a usé avec autant d'habileté que le constructeur. L'agencement de ce matériau, dont la surface offre au toucher une texture rugueuse sur laquelle joue et s'accroche la lumière, aboutit à des résultats très artistiques. Les dessins que Dom Bellot trace avec ses briques sont — la matière l'exige — empruntés à la géométrie [13] et ils accusent une grande fantaisie. Rien qu'à ce point de vue l'œuvre de Dom Bellot est exceptionnelle. Désormais la brique est à elle seule un matériau d'art et il sera impossible à l'avenir de l'employer sans devoir quelque chose à l'esprit créateur de Dom Bellot. Dans son autobiographie, le moine architecte nous fait connaître son appréhension quant à l'usage de ce matériau dans ses constructions : « La Hollande est la patrie de la brique, c'est avec ce matériau que je devais tout exécuter... elle ne m'inspirait sous ses petites dimensions qu'une confiance limitée, mais elle était placée par des maçons incomparables. »

## La polychromie

Dom Bellot donnait beaucoup d'importance aux couleurs en architecture : l'œil ne voit d'abord que les couleurs et c'est par elles qu'il perçoit les formes. Mais il avait comme principe que la couleur devait souligner la forme tout en la chevauchant, comme on le voit très bien dans les arcs du sanctuaire de l'église de Heerle [31].

Grand admirateur de la nature, Dom Bellot a observé les papillons, les oiseaux, les coquillages et les plantes pour s'en inspirer dans ses décorations colorées : « Les arts plastiques s'appauvrissent s'ils renoncent à s'inspirer de l'exemple de la nature dont les formes ne sont jamais privées de couleur. »[15] Mais selon certains auteurs, dont

---

[15] *Ibid.*, p. 117.

Maurice Hamel, ce sont les théories symbolistes de Mar-
bode sur les pierres précieuses qui l'ont influencé. « Le
rubis est comme un concile de cardinaux et signifie une
charité intense, le sang des martyrs. Moine, il éprouvait un
penchant pour le bleu qui invite au silence de la
contemplation, à la paix du cloître. »[16]

Dom Bellot ne veut pas d'églises froides, nues et
sévères. Soucieux de donner au mur une grande qualité
picturale, ses polychromies sont tantôt éclatantes, tantôt
douces. Il emploie toutes les nuances, du jaune au rose, du
rouge au violet avec le contraste du blanc et du noir. Les
noirs sont obtenus par goudronnage à chaud des briques
avant leur mise en œuvre. Il emploiera cette couleur pour
la base des colonnes de la chapelle Saint-Adalbert à
Bloemendaal et à Vanves. Les briques émaillées, mises en
petit nombre et avec beaucoup de prudence, donnent les
verts et les bleus. C'est ce rare bonheur d'allier les roses, les
ocres, les gris et les verts en une gamme parfaite qui lui a
valu le titre de « poète de la brique. »

C'est à Noordhœk que Dom Bellot fit son premier
essai de polychromie [32]. Les arcs à forme ovale avec
arêtes de briques blanches sont reliés entre eux par des
chevrons et des caissons bleu-violet. Sur les murs, les joints
sont oranges, verts et gris. Par contre, sur la façade du
collège d'Eindhoven, il n'y a que deux tons de briques
roses. À Bloemendaal et à Heerle, Dom Bellot parvient à
une grande virtuosité. Mais à Wisques, sous l'influence du
Père François Mes, peintre hollandais, à qui il demandait
souvent des études, il se livre littéralement à une débauche
de couleurs, comme dans le carrelage du réfectoire [28] et
les arcs du cloître [33].

Dom Bellot a aussi eu l'idée de teindre le mortier qui
joint la maçonnerie de briques et les pierres granitiques
des façades. À Vanves [34], les briques employées ont une
seule tonalité, un ton jaune chaud. Certaines parties,
comme les soubassements, par exemple, semblent consti-

---
[16] Marcel HAMEL, « Un moine architecte ».

tuées par des briques de différentes couleurs. Il n'en est rien, cet effet est obtenu par des rejointements larges et profonds exécutés en ciment vert et ces joints colorés font croire que les briques elles-mêmes sont teintées. De plus, cette partie du mur prend tout de suite une chaleur que n'a pas le lit supérieur de la même brique assemblée par mortier blanc.

Dans les toitures, nous trouvons aussi une certaine recherche décorative. À Noordhœk, l'appareil entier du toit est coloré de tons divers : tuiles brunes, bleues et noires [35]. La couverture de la chapelle de Neuvy-sur-Barangeon est agrémentée d'un dessin de grecques réunissant des tons d'ardoise assez curieux de vert et de violet. Enfin, le pittoresque de cet édifice est achevé par le contraste des murs en briques gris rose avec la teinte foncée des toitures. Un dernier exemple de cette recherche décorative se retrouve à Notre-Dame-des-Trévois [36] où la toiture est composée d'ardoises grises et violettes serties d'ardoises vertes de Rimogne.

Rappelons, en terminant, cette pensée de Dom Bellot qu'on retrouve dans la conception et la réalisation de presque toutes ses œuvres :

> Une œuvre d'architecture qui ne réalise pas d'harmonie et méprise les ressources de la couleur n'est pas une beauté proprement humaine... Tout cela était parfaitement connu au Moyen Âge où la forme était merveilleusement étudiée et rehaussée de couleur fraîche et belle. Mais ce n'est pas la couleur qui fait l'unité de l'œuvre, c'est la composition des formes, la couleur doit simplement donner de l'éclat à la ligne.[17]

## Les arcs paraboliques et polygonaux

Dom Bellot a utilisé une forme d'arc qu'il fait partir généralement d'une assez faible hauteur pour donner ainsi aux grands bâtiments un caractère d'intimité et de recueillement (Quarr Abbey et Saint-Paul d'Oosterhout). Pourquoi emploie-t-il dans certaines constructions la courbe et dans d'autres la ligne droite ? Ces formes sont

---

[17] Dom BELLOT, « Réflexions sur l'architecture ».

toutes commandées par le matériau et résultent simplement de son emploi logique. Ainsi la brique sera utilisée
pour édifier les arcs en chaînette, dont le tracé est la
courbe que dessine naturellement une chaîne suspendue à
ses extrémités et abandonnée à la pesanteur, et les arcs de
forme parabolique. D'un tracé propre à Dom Bellot, cet
arc est en même temps plus souple que l'ogive et moins
inerte que le plein cintre et il fait partie de l'ensemble de
proportions dont use Dom Bellot. Permettant de couvrir
d'un seul tenant une large salle, l'arc parabolique se
trouvait par là suffisamment justifié dans l'église. On a
pensé qu'il portait en lui-même une vertu religieuse, tout
d'abord par sa pureté et sa franchise, mais aussi à cause de
quelque parenté avec les formes gothiques. C'est le plus
élégant et le plus solide de tous les arcs, car c'est celui qui
exerce le moins de poussée. Utilisé pour la première fois à
Noordhoek [11], on le retrouve à Eindhoven, dans les
cloîtres de Crainhem et de Vanves [37], à Neuvy-sur-
Barangeon [38] et à Notre-Dame-des-Trévois [13].

Dans le cloître de l'abbaye Saint-Paul de Wisques [33],
la logique, encore une fois, a inspiré la forme de l'arc. Un
problème se posait : une hauteur de sept mètres sous
plafond demandait des étais ou contreforts pour l'équilibre du système. Dom Bellot élève donc l'arc en mitre
— en utilisant la brique — sur des encorbellements
qui seront des contreforts intérieurs.

Quant au béton, sa forme rationnelle, selon Dom Bellot, est la ligne droite, mais franchir une large portée avec
un linteau ne présente pas beaucoup d'intérêt artistique.
Les arches sont donc décomposées en lignes droites mais
en harmonie avec la courbe elliptique à cinq points. C'est
ce que l'on appelle l'arc polygonal, qui réduit la poussée et
donne une structure plus économique et plus puissante.
En outre, les différentes pentes de l'arc présentent encore
l'avantage d'augmenter le volume de l'édifice lui-même en
occupant une partie des combles. On prétend que Dom
Bellot s'inspira de l'anatomie et des articulations du doigt
avec les phalanges, phalangines, phalangettes, pour concevoir ses arcs polygonaux, appelés arcs bien qu'ils n'aient
pas de courbe, l'appellation propre faisant ici défaut.

Laissons-le expliquer lui-même comment sont nées les formes de l'église d'Audincourt qui, comme celle de Notre-Dame-de-la-Paix à Suresnes, comporte des arcs polygonaux en béton :

> Quelle forme donner à ces charpentes ? On pourrait en donner de très osées, de tout à fait inédites, mais l'Église nous demande de ne pas désorienter le peuple saint. Pourtant, le problème est tout nouveau et la relation de ces différentes pentes n'est pas facile à combiner. Je ne connais aucune solution d'un tel assemblage de lignes droites. Ici la question des proportions a été souveraine. Chaque élément droit a vu non seulement sa pente calculée, mais encore sa longueur a été déterminée selon une harmonie mathématique avec la voisine et l'ensemble est encore régi par une modulation des mêmes formules.[18]

Une autre particularité à souligner du style de Dom Bellot est qu'il n'y a pas de voûte dans ses constructions, mais une série de murs arqués et ajourés autant que possible. On en trouve l'illustration la plus marquante à Noordhœk [11]. Construite avec un souci évident d'économie, cette église n'est qu'une suite de murs transversaux et parallèles entre eux. Ils sont percés dans leur milieu d'un grand arc et aux extrémités d'un passage pour les collatéraux. Les lucarnes concourent par leur poids à maintenir l'équilibre des arcs qu'elles relient deux à deux [39]. L'église de Noordhœk a fait sensation en Hollande où sa construction fut considérée « comme un événement qui attira des milliers de visiteurs, ainsi qu'un club d'architectes arrivé en ligne droite de Paris »[19].

## Le système de proportions

C'est en regardant quelques images de Beuron, l'abbaye bénédictine allemande où travaillait le Père Didier Lentz, et en lisant le modeste fascicule traitant de ses théories que Dom Bellot comprit que la proportion est à la base de toute beauté. En 1910, à Quarr Abbey, les moines reçurent un livre intitulé *Tempellmasse* du Père Wolf, bénédictin autrichien, qui avait remarqué que l'hexagone et le triangle à

---

[18] Dom BELLOT, « L'église d'Audincourt », cité dans *La Technique des Travaux* par Charles Imbert, juillet 1933, n° 7, pp. 391-393.
[19] Maurice BRILLANT, *L'Art chrétien en France au XX<sup>e</sup> siècle*, p. 351.

60° avaient régi l'art de toute l'Antiquité. Or Dom Bellot, à ce moment-là, commençait à concevoir les plans de sa première église, celle de Quarr Abbey. Séduit par les idées de Wolf, il se mit à cette école pour établir toutes les proportions de cette église avec le triangle à 60°. Il le confirmera lui-même dans une lettre adressée à Dufresne, le 16 septembre 1935 : « Remarquez que Quarr Abbey et le premier Oosterhout n'ont pas été triangulés. Le premier Oosterhout pas du tout, c'est l'œil qui a tout mené, de même que le réfectoire de Quarr et le monastère, — l'église est faite avec le triangle à 60° et je n'ai commencé avec la coupe d'or que pour le sanctuaire d'Oosterhout. » [41]

Jugeant le compas compliqué pour l'établissement des proportions, il lui vient à l'idée de recourir à une équerre spéciale qui donne la division d'un seul coup de crayon. Cette équerre est un instrument initiateur de toutes sortes d'harmonies pour qui sait s'en servir. Dom Bellot estimait toutefois que ce devait être un secret d'atelier comme au Moyen Âge. Ses disciples qui en ont fait l'expérience s'accordent à en reconnaître les avantages. Le 31 mai 1931, dans une lettre à Dufresne, il donne « les proportions exactes du mystérieux triangle » — l'un des angles doit avoir une ouverture de 58° 17' et le second en conséquence 31° 43'. Puis il ajoute : « Je médite toujours de classer mes remarques et mes trouvailles à propos de ce fameux triangle et les jours passent sans que je puisse le faire. » Un cahier spécial d'Art Arca devait nous révéler ses découvertes dans le domaine des proportions architecturales, sous le titre *Le secret de l'harmonie dans l'art*. Malheureusement ce cahier n'a jamais paru, mais nous connaissons un peu ses idées sur la question puisqu'il en fit le sujet de sa sixième conférence au Canada en 1934.

Dom Bellot définit la proportion par « les rapports entre le tout et les parties, rapports logiques nécessaires, et tels qu'ils satisfont en même temps la raison et les yeux... Ce mot proportion n'indique nullement des rapports fixes, mais au contraire des rapports variables, afin d'obtenir une échelle harmonique. »[20] Le système qu'il emploie est celui du « nombre d'or » ou « section dorée », dérivé du carré. Cette proportion est la plus élégante de toutes, car elle divise une ligne en deux fragments où la petite partie est dans le même rapport avec la grande que la grande avec le tout. Il se trouve que tous ces rapports sont des nombres incommensurables. Dom Bellot exprime cette idée dans les termes suivants : « Il est un problème de géométrie (IIIe livre) qui demande de diviser une droite en moyenne et extrême raison. C'est cette coupure qui a été nommée coupe d'or. »[21] Il cherche donc dans la géométrie un rapport nécessaire pouvant servir de commune mesure, parce que l'unité de l'œuvre résulte de l'heureuse proportion des détails. C'est là que réside la beauté essentielle de l'architecture. Or cette unité dépend d'une commune mesure dont dépendent toutes les proportions. Ces principes étaient connus depuis l'Antiquité et c'est le mérite de Dom Bellot d'avoir retrouvé la technique, c'est-à-dire la manière aisée et pratique de les utiliser. Loin de nuire à son inspiration, cela lui est un auxiliaire indispensable. Dans son IXe entretien sur l'architecture, Viollet-le-Duc exprimait ainsi sa pensée sur cette question :

> Ce serait se faire illusion si l'on croyait que les proportions en architecture sont le résultat d'un instinct. Il y a des règles absolues, il y a des principes géométriques... dans la véritable école architectonique du Moyen Âge... comme dans l'architecture grecque, le principe de création est un, mais l'artiste est le créateur qui se meut librement dans les limites du principe.[22]

Dans toutes les constructions de Dom Bellot, tout a été, jusque dans le moindre détail, calculé et triangulé avec un soin minutieux. Les proportions sont particulièrement remarquables à Eindhoven [42-43]. Dans le cloître du monastère de la Visitation à Crainhem [44], toutes les dimensions, en plan puis en élévation, sont établies suivant le système basé sur le nombre d'or. Dom Bellot l'applique

---

[20] Dom BELLOT, *Propos d'un bâtisseur du bon Dieu*, p. 103.
[21] *Ibid.*, p. 110.
[22] VIOLLET-LE-DUC, *Entretiens sur l'architecture*, tome I, pp. 395-410, cité dans Jean-Baptiste ACHE, *Éléments d'une histoire de l'art bâtir*, p. 334.

également à Audincourt, Vanves, etc. Présentant son
œuvre au public québécois au cours d'une conférence qu'il
donnait à Montréal le 8 mars 1940, il affirme lui-même
que toutes ses constructions ont été triangulées. « Après,
vous verrez diverses constructions faites en plusieurs pays
et vous pourrez juger que travailler d'après un système de
proportions ne lie pas à la forme mais qu'une grande fantaisie peut être brodée sur cette trame. »

## La lumière

Une autre caractéristique du style de Dom Bellot est
l'emploi de la lumière. Nous l'avons dit, c'est par la disposition de la lumière que Dom Bellot donne au sanctuaire sa
place prépondérante. C'est donc pour lui un facteur essentiel dans la construction d'une église. Vers 1920, le moine
architecte, préoccupé de créer une lumière diffuse et
colorée à l'intérieur de l'abbaye Saint-Paul d'Oosterhout,
imagina d'élever, en deçà des baies vitrées du sanctuaire,
un mur de briques à claire-voie, appelé claustra, destiné à
soutenir la voûte et à filtrer la lumière en lui enlevant
l'éclat brutal du jour direct [45]. Avec ce procédé nouveau,
Dom Bellot accordait une primauté à l'action globale de la
lumière tamisée, créant dans la chapelle une atmosphère mieux adaptée à la liturgie bénédictine que celle
qu'auraient pu donner des vitraux historiés, violemment
exposés à la lumière du jour. En outre, la figuration diffi-
cilement visible dans ce contexte nouveau devenait inutile
et Dom Bellot pouvait librement concevoir un décor non
figuratif, harmonisé avec la dentelle ajourée de la brique.
Ainsi l'architecte avait-il, sans le rechercher expressément,
transposé en le généralisant le décor non figuratif des as-
semblages de briques colorées dans l'art du vitrail.

Par ailleurs, dans l'éclairage de la nef, la structure
même du bâtiment contribue à créer une atmosphère de
recueillement. Ramenant les contreforts à l'intérieur, Dom
Bellot isole des murs extérieurs les points d'appui de la
voûte, ce qui lui permet de combiner toutes sortes d'effets
de lumière à travers cette double paroi. En effet, le passage de circulation des églises de Noordhœk [11], Eindho-

ven, Notre-Dame-des-Trévois [13] et Audincourt [12],
situe dans un certain recul les sources lumineuses. De plus,
à Audincourt, la croisée du transept reçoit le jour des
hauts fenestrages, voilés par des claustras de béton [46]
qui créent des jeux d'ombre et de lumière très animés.

Dom Bellot fut vraiment un maître dans le traitement
de la lumière. Pour lui, lumière et ombre sont des
éléments formels de toute structure plastique. Ils
confèrent à l'espace une certaine atmosphère. Ainsi, à
l'intérieur du sanctuaire c'est le surnaturel, l'insaisissable
qui doit être le principe actif spécifique. Il s'agit de
traduire en signes appropriés, par la disposition de la
lumière, les réalités invisibles de l'au-delà. C'est pourquoi il
en régla soigneusement le jeu, de manière qu'elle ne
frappe aucune surface au hasard, reste diffuse et jamais
brutale. La place des ouvertures, leur hauteur et leur
forme ne sont pas choisies au hasard, car c'est précisément
la lumière qui donne vie à tout l'ensemble, le fait valoir ou
le tue. Trop abondante ou trop directe elle donne aux
églises l'impression de continuer la place publique,
dispensée trop parcimonieusement ou sans contraste elle
engendre l'ennui.

Il faut reconnaître ce que pouvait avoir d'audacieux
l'œuvre de Dom Bellot à une époque où le pastiche et
l'éclectisme archéologiques se combinaient pour produire
des édifices sans originalité. Son architecture est essentiellement subordonnée aux exigences spirituelles et
matérielles du milieu, infiniment respectueuse du matériau employé et elle réfracte la lumière selon des artifices
qui lui sont propres. Les proportions, les effets de lumière,
le décor, plus que la nouveauté réelle des formes, font le
mérite de son œuvre. Par contre, cette conception
décorative en honneur entre les deux guerres et qui con-

nut son apogée vers les années 1925 ne trouve plus à nos yeux la même faveur. Nous sentons que ce décor prémédité ne peut soutenir la comparaison avec l'ornementation architecturale des grandes époques de l'art chrétien. Son infériorité tient, en partie, au désir de masquer l'inévitable dépouillement des formes consécutif à la rationalisation de la construction.

Henri Charlier, qui fut l'ami et souvent le compagnon de travail de Dom Bellot, dit de lui :

> Le caractère de son architecture répond à ce qui m'est apparu dans son esprit; toutes ses constructions sont pensées par l'intérieur... De là viennent ces fenêtres coupées par des étages, ces entresols lugubres, ces attiques inhabitables. Dom Bellot ne pensait que très peu à l'extérieur de ses bâtisses et ceci étonne un peu, tant on est habitué depuis la Renaissance à un état d'esprit différent.[23]

Mais pour Dom Bellot, une maison est faite pour ses habitants plutôt que pour les passants. Ses constructions appartiennent à ce type d'œuvres qu'on peut aimer ou ne pas aimer, mais qui forcent le respect. On ne saurait non plus contester l'impression profondément religieuse que laisse son œuvre. Ces grands pans de murs avec la juste dimension de leurs fenêtres (Vanves), ces nobles escaliers (Crainhem et Eindhoven), l'austère simplicité des matériaux, la lumière doucement ménagée, tout parle ici un langage religieux. C'est la modération même de la règle bénédictine magnifiée dans la simplicité de la structure et dans le flamboiement des couleurs. On sent que ces œuvres ont été engendrées par une grande sagesse, d'où leur caractère traditionnel et en même temps, libre de pastiches. La façon dont les éléments d'une immense et diverse culture sont assimilés pour être transformés en facteurs de nouveauté, donne aux églises de Dom Bellot un caractère absolument *sui generis*. Il a vraiment créé, en son temps, une architecture religieuse personnelle d'un grand intérêt, comme en témoignent le nombre et la qualité des disciples européens qui se sont inspirés de sa pensée.

---

[23] Henri CHARLIER, « Dom Bellot ».

Car Dom Bellot n'est pas seulement un grand bâtisseur, il est un maître qui a fait école.

> Modeste, le bénédictin ne veut pas qu'on parle d'école sous
> prétexte qu'elle s'est formée sans qu'on s'en rende compte,
> c'est-à-dire de la meilleure manière, d'une façon vivante et qui n'a
> rien d'artificiel. École ou petite communauté internationale, elle
> groupe des architectes diplômés, qui ont travaillé avec Dom Bel-
> lot, partagent ses idées et sont aptes à les appliquer pour leur
> compte et de fait les appliquent en bâtissant chacun dans leur
> pays.[24]

Ses principaux disciples européens sont le Hollandais H. C. Van de Leur [47] que Dom Bellot appelle « le
nègre de la première heure », le Belge Eugène Stassin, les
Français Clément de Nancy, Hagène de Paris, Mortamet
de Montpellier, Croisier-Deronzière et Curtelin de Lyon,
Béranger de Valence, Joseph Philippe de Saint-Omer et
James Bouillé de Bretagne. Quelques-uns de ces architectes ont tour à tour travaillé sous la direction du
maître à Oosterhout, puis à Wisques.

---

[24] Maurice BRILLANT, « L'architecture religieuse moderne avec Dom Bellot,
moine-architecte ».

# Dom Bellot au Québec

## Premiers contacts

C'EST dans l'*Almanach Catholique français* qu'Adrien Dufresne apprit l'existence de l'Arche en France. En avril 1926, alors qu'il est en deuxième année à l'École des Beaux-Arts de Québec, il écrit à Maurice Storez, directeur de ce groupe, pour lui demander comment apprendre à faire des églises. Ce dernier remet la lettre à Dom Bellot et une correspondance suivie s'établit alors entre Dom Bellot et le jeune Dufresne. Le moine architecte lui envoie des cartes postales et des photographies de plusieurs de ses travaux. En 1927, paraît un album intitulé *Une œuvre d'architecture moderne par Dom Bellot, o.s.b.*, reproduisant les premières œuvres de Dom Bellot, avec plusieurs notices, plans, coupes, élévations et planches en couleurs. Le compte rendu qu'en font deux célèbres architectes américains, Ralph Adams Cram et Bary Byrne, est des plus élogieux. Le premier qualifie son œuvre de géniale, dans un article intitulé « Modern Architecture in the Cloister » :

> This is a most interesting, unexpected and altogether stimulating work... It is all modern, logical, straight forward, and yet there is no loss of that real sense of historical continuity which is as indispensable in ecclesiastical work as is the achievement of beauty.

Le 29 mai 1928, Dom Bellot demande à Dufresne « si une librairie au Québec pourrait prendre cet album en dépôt et si le notaire Gérard Morisset ou un autre voudrait en faire un compte rendu. » Ce dernier profite de la tribune que lui offre l'*Almanach de l'Action Sociale Catholique*, pour présenter Dom Bellot aux lecteurs, annoncer la parution de l'ouvrage et reproduire quelques photographies avec commentaires de l'église de Noord-hoek, l'une des plus belles créations de l'architecte béné-dictin[1].

En 1930, Dom Bellot rentre de Hollande et s'installe à Wisques en France. La même année, Dufresne obtient une bourse et voyage en Europe. Il visite plusieurs églises en Angleterre, en Écosse, en France, en Belgique et en Hol-lande. Celles de Noordhœk et Besoyen le convertissent à la couleur. Il entre en contact avec les artistes du Groupe de l'Arche, rencontre Dom Bellot à Paris (27 oct. 1930), puis il va passer huit jours à Wisques. En 1931, il présente à Dom Bellot un autre architecte québécois, Edgar Cour-chesne, alors étudiant à l'École des Arts décoratifs de Paris. Ce dernier travaille environ un an à Wisques avec Dom Bellot et rentre au Canada en avril 1932.

Après le départ de Courchesne, Dom Bellot écrit à Dufresne, le 29 octobre 1931, qu'il souhaite « reprendre un autre Canadien afin que vous soyez un petit groupe de constructeurs d'églises vraiment formés par une mé-thode « une » ». La correspondance entre Dufresne, Courchesne et Dom Bellot nous apprend que plusieurs membres du clergé canadien connaissent déjà les œu-vres du bénédictin. Mgr Bruchési et Mgr Gauthier, de Montréal, partisans de cet apostolat plastique, se rendent à Quarr Abbey, et en 1933 Mgr Gauthier rencontre Dom Bellot. Mgr Villeneuve, de Québec, visite l'église de Suresnes en 1932, alors que Mgr Pelletier, également de Québec, connaissait lui aussi les œuvres de Dom Bellot. Le 13 mai 1932, Courchesne informe Dom Bellot que l'abbé Jean-Thomas Nadeau propose ses services à Mgr Ross, évêque de Gaspé, pour construire la basilique du Christ-Roi : « L'abbé Nadeau est allé chez Mgr Ross pour lui expliquer combien il serait avantageux de faire appel à vos qualités d'architecte. De plus, vous avez deux collabo-rateurs au Canada, Dufresne et moi. »

---

[1] Gérard MORISSET, « Architecture religieuse moderne ».

Dom Bellot prodigue ses conseils à Dufresne. Le 11 octobre 1926, il lui suggère de « lire les livres d'Auguste Choisy et si avec cela vous avez travaillé Viollet-le-Duc, vous êtes nanti d'un bagage suffisant pour commencer. Comprenez bien que l'étude du passé n'est profitable que si elle est méditée. » Au sujet des couleurs et des proportions, il lui recommande de faire des tours dans les champs, de regarder les bourgeons, les feuilles et les tiges. Il lui conseille, en outre, de faire sécher ces feuilles dans un livre et d'observer les belles proportions qu'elles révèlent et les admirables couleurs qu'elles forment. Tout cela doit faire réfléchir et, écrit le moine, c'est en réfléchissant plus qu'en dessinant que l'on se forme. Il lui donne aussi les proportions exactes du mystérieux triangle.

## Expositions

Le 20 décembre 1931, Dom Bellot écrit à Dufresne qu'il faut « préparer les voies pour avoir de l'ouvrage » et lui suggère « la question exposition ». Aidé de Courchesne, qui est toujours à Wisques en décembre 1931, il fait une liste de tout ce qui est susceptible d'être exposé et prépare les documents, c'est-à-dire de simples tirages auxquels il joint quelques dessins en couleur et une centaine de photos. Courchesne croit aussi que c'est le meilleur moyen de faire connaître Dom Bellot et de lancer Dufresne. Cette exposition, selon le vœu de l'abbé Olivier Maurault, sulpicien, se fera en même temps que la retraite ecclésiastique en août 1932, au Grand Séminaire de Montréal. Il s'agit d'une exposition d'essai pour juger de l'impression produite. « Et en faisant le programme de la grande exposition, vous pourrez répondre sans en avoir l'air aux critiques qui ne manquent pas et donner la vraie note », écrit Dom Bellot à Courchesne. Ce dernier lui annoncera que l'exposition de Montréal a été un grand succès. « Les prêtres ont été grandement intéressés, spécialement Mgr Gauthier qui a conservé l'article que j'avais écrit à votre sujet, afin de le lire privément et de l'approfondir... Je n'avais pas prévu ce succès. » Une autre exposition

se tiendra à l'université Laval de Québec du 16 au
28 décembre 1932. À Dom Bellot qui lui demande
« l'impression que toutes ses bâtisses ont faite sur l'esprit
du clergé », Dufresne répond que le public, les communautés religieuses ainsi que le clergé s'y sont fortement intéressés. Enfin le 21 août 1933, s'ouvrait au
Grand Séminaire de Montréal, une troisième exposition.
Cette exposition eut un certain retentissement et les conceptions de Dom Bellot furent très appréciées. Dans un
article dithyrambique, Lucien Desbiens s'exclame dans
*Le Devoir* du 26 août 1933 : « En examinant les croquis
et devis de plusieurs monuments religieux modernes
exposés cette semaine au Grand Séminaire de Montréal,
l'on a pu constater que les nouvelles formules d'art
adoptées par Dom Bellot et ses disciples savent donner lieu
à des réalisations étonnantes, splendides même. »

Divers articles publiés dans les journaux et les revues
de l'époque contribuent également à intensifier la pro-
pagande avant la venue de Dom Bellot au Québec : un
article de Dufresne dans *l'Action Catholique* du 24 décembre 1932, « Autour d'une œuvre d'architecture religieuse et monastique », et trois autres signés par Courchesne, le premier une réclame de tout premier ordre,
« Une œuvre d'architecture », dans *l'Almanach de l'Action
Sociale Catholique* de 1933, le deuxième, « L'œuvre architecturale de Dom Paul Bellot, o.s.b. », dans *l'Action
Nationale* de décembre 1933, revue mensuelle dirigée par
l'abbé Lionel Groulx, Olivier Maurault..., et le troisième,
« Dom Bellot, o.s.b. » dans *The Journal : Royal Architecture
of Canada* de février 1934.

Dans ses écrits, Courchesne fournit des informations
sur la personnalité artistique et les travaux de son maître.
Il spécifie que « le moine architecte n'a pas créé un style au
hasard de l'inspiration » mais que c'est « une méthode
d'étude basée sur la raison même et l'expérience... qui apporte une solution franche à tout problème »[2], indiquant
par là que ce sont d'abord les principes de Dom Bellot qu'il

---

[2] Edgar COURCHESNE, « Une œuvre d'architecture ».

retient. Dufresne estime, pour sa part, que « c'est de cet équilibre parfait du sentiment et de la raison que sont nées ces œuvres qui font honneur à notre époque »[3], soulignant ainsi le principe architectural de base de Dom Bellot.

## L'Institut scientifique franco-canadien

La venue de Dom Bellot au Canada est due aux démarches conjuguées de Courchesne, de Dufresne et du jeune frère Claude-Marie Côté auprès de l'Institut scientifique franco-canadien, qui avait été créé en 1926 par l'Université de Montréal, sous l'impulsion d'Edouard Montpetit, et qui devait être le principal canal des échanges d'universitaires entre la France et le Canada jusque vers 1960. Ayant approché Louis-Janvier Dalbis, président de cette société et représentant du gouvernement français, qui se montre très favorable à la cause, les trois en discutent avec chaque membre de la société, dont le chanoine Emile Chartier et Edouard Montpetit, respectivement vice-recteur et secrétaire général de l'Université de Montréal. Ce dernier les aurait reçus « les bras ouverts ». Il votera, affirme-t-il à Courchesne, qui s'empresse d'en faire part à Dom Bellot, « quatre fois si la chose lui est possible pour ces raisons-ci : 1) il préfère la brique à la pierre, 2) notre architecture est affreusement laide, 3) le prestige du savoir français et 4) Dom Bellot est une soutane. » Courchesne s'assure également de la collaboration de Charles Maillard, directeur de l'École des Beaux-Arts et de Jules Poivert, professeur d'architecture à l'École polytechnique. Pour appuyer ces démarches, il envoie au *Devoir* un article comprenant une courte biographie de Dom Bellot et une bonne moitié de la préface de l'album de Charlier. *La Presse* publie également un article spécial d'information.

L'idée de faire agréer Dom Bellot comme conférencier auprès de l'Institut scientifique franco-canadien

---

[3] Adrien DUFRESNE, « Autour d'une œuvre d'architecture religieuse et monastique ».

ne rallie pas tous les suffrages et certains s'opposent à sa
venue. Le 17 janvier 1933, Dom Bellot écrit à Courchesne : « Si là-bas j'ai des amis, il y a aussi une collection
de marchands d'architecture qui préfèrent me voir rester
à Wisques. » Par contre, il a l'appui du clergé qui a
beaucoup d'influence dans la société canadienne-française de l'époque.

En février 1933, Dalbis donne comme programme à
Dom Bellot : dix conférences à l'École polytechnique, cinq
à l'École des Beaux-Arts et trois publiques. Dom Bellot
refuse de préparer dix conférences sur le béton qui
n'intéresseraient que les ingénieurs. Son séjour au Canada
est tout de même fixé aux mois de février et mars 1934.
Quelque temps plus tard, Dalbis acceptera de modifier le
programme. Il est convenu que le bénédictin donnera
quatre conférences aux ingénieurs, huit aux architectes, et
trois au public. Le 28 octobre 1933, Dom Bellot écrit :
« J'ai reçu de M. Dalbis une lettre me fixant les conditions
du contrat. Je dois donner trois semaines d'enseignement
à l'École des Beaux-Arts de Montréal et une semaine à
Québec. Je pourrais commencer le 15 février jusqu'au
23 mars 1934. » Samedi le 10 février, il arrive à Montréal
où il est accueilli par Maillard et Mgr Gauthier. Il sera
hébergé à l'archevêché, selon son contrat.

## Première visite
(du 10 février au 23 mars 1934)

Dom Bellot expose à Montréal, à Québec et à Sherbrooke,
ses principes de rénovation artistique et chrétienne de
l'architecture religieuse. En dix-neuf conférences, aussi
agréablement formulées que fortement étayées d'une
haute philosophie chrétienne de l'art, le bénédictin trans-
met les résultats de sa contemplation de moine et de son
expérience comme artiste. Il met l'accent sur l'illogisme

d'une architecture de trompe-l'œil asservie à des traditions mal comprises et à des formes périmées, et il montre la nécessité d'un renouveau de l'art sacré. La première série de ses cours est consacrée à l'esthétique. Il aborde successivement les problèmes suivants : le renouveau de l'art et du goût, les conditions d'un vrai style, les conditions intemporelles du beau, l'idéal et l'ascèse de l'art chrétien, formalisme et rationalisme architectural dans leur rapport avec la beauté. La seconde série traite de questions techniques, telles que la primauté de la forme sur la lumière et la couleur, les proportions, la genèse des formes et la couleur. Avant de retourner en Europe, Dom Bellot donna aussi une conférence à New York sur l'architecture religieuse moderne. Dans ses conférences, il se garde de donner la manière de se servir du triangle. « Pour les proportions je leur parlerai carrément de la coupe d'or et du triangle. Sans avoir la manière de s'en servir cela ne les avancera pas beaucoup », écrit-il à Courchesne le 12 décembre 1933. Lors d'un autre séjour au Québec en mars 1940, Dom Bellot prononcera encore une conférence intitulée « Art et Tradition ».

Au Canada, Dom Bellot aurait souhaité fonder un groupement analogue à l'Arche. Il donne des conseils et rédige des articles dans lesquels il présente l'œuvre d'artistes canadiens doués, telle l'église Sainte-Thérèse de Beauport, de Dufresne. Ses propos lui gagnèrent de nouveaux adeptes et fortifièrent les convictions de ceux qui voulaient déjà renouveler l'architecture religieuse québécoise. Il mettait aussi ses auditeurs en garde contre une trop grande admiration pour les maîtres de l'art moderne poussant à imiter leur manière plutôt que de chercher sa propre voie. Le jeune clergé fut presque unanimement conquis par ses idées, qui constituent les principes permanents enseignés par Viollet-le-Duc dans ses *Entretiens sur l'Architecture*. Il voulut inculquer à ses auditeurs le désir d'être personnels, de travailler et de chercher de nouvelles formes et de nouvelles solutions. L'évêque de Saint-Jean, Mgr Anastase Forget, écrit à Dom Bellot après sa visite au Québec : « Je serais heureux de donner à vos élèves et disciples du Canada l'occasion de transplanter ici l'art magnifique et pratique que vous faites fleurir en terre européenne. »

## L'École des Beaux-Arts de Montréal

À cette époque, l'École des Beaux-Arts de Montréal était dirigée par Charles Maillard dont les idées artistiques étaient celles de l'académisme. L'enseignement était encadré de façon fort autoritaire par le directeur qui voyait dans cette école, du moins si l'on en juge par les résultats et les échos des éléments les moins réactionnaires qui en sortirent, un moyen de perpétuer une forme d'art extrêmement sclérosée, rattachée aux conceptions de l'École des Beaux-Arts de Paris, laquelle donnait, en plein XXe siècle, un enseignement très peu évolué depuis le début du XIXe siècle. La formation était orientée vers l'acquisition d'une série de moyens aptes à développer l'habilité technique. Cependant Maillard affirmait à Dom Bellot, qui en faisait part à l'architecte Léonce Desgagné, le 24 juin 1934 : « C'est curieux, tous mes élèves presque sont catholiques et ils n'ont pas l'air de désirer faire de l'architecture religieuse. »

Certains, comme Paul Lavoie de Québec, Mgr Courchesne de Rimouski et le recteur de l'Université de Montréal, Mgr Olivier Maurault, auraient souhaité que Dom Bellot prenne un jour la direction de l'enseignement de l'architecture dans la province de Québec, afin d'avoir autre chose que de mauvaises copies. Voici comment Dom Bellot expliquait sa conception de cet enseignement à Courchesne, le 7 octobre 1934 :

> Organiser l'enseignement artistique dans toute une province c'est un « job » des plus intéressants... Il faudrait pour cela étudier pas mal de choses et faire une école où les procédés désuets soient remplacés par un organisme jeune mais inspiré des corporations comme on essaie partout de le faire aujourd'hui. J'y vois des cours annexes en dehors de ce qui est spécifiquement architectural : de liturgie, de philosophie de l'art, d'esthétique; une archéologie raisonnée, avec les matériaux modernes de calcul, devrait avoir sa place et le béton armé être l'objet d'un cours spécial.

Évidemment ce projet n'eut pas de suite et ne fut jamais réalisé.

## Publication des conférences

Les demandes d'édition des conférences furent très nombreuses. Au début, Dom Bellot voulait simplement les réunir en une petite plaquette avec une introduction philosophique et quelques illustrations, pour faire comprendre le texte et montrer à quoi ses théories pouvaient aboutir. Entre-temps, à propos de ces conférences et de l'architecture de Dom Bellot, une polémique s'engageait dans les revues spécialisées de l'époque où parurent des articles comme celui d'Emile Venne sur « L'avenir de l'architecture religieuse canadienne ». Dom Bellot prend alors la décision de ne diffuser ses conférences qu'auprès d'un cercle réduit d'amis, comme il l'écrit à Léonce Desgagné, le 17 décembre 1934 :

> Les conférences arriveront, mais pas imprimées, seulement tapées à la machine, et je vais vous dire pourquoi. Des Français qui ont été chez vous m'ont dit que j'avais eu un grand tort, celui d'avoir eu trop de succès, mais pourtant il s'est déjà dit et imprimé des choses qui ne sont pas d'une amabilité transcendante. Cela, c'est de l'homme, partout c'est la même chose, et me laisse bien calme, je vous assure. Seulement, si je publie ce que j'ai dit, la polémique commencera, je devrai répondre, et alors je n'aurai plus la paix. Or je crois que le bon Dieu demande autre chose de moi que de gratter du papier. J'enverrai donc à ces « huit » qui ont été assez aimables pour m'envoyer des subsides, mes conférences. Ce sera pour eux et non pas pour publier.

Après sa mort, en 1948, ces conférences furent publiées intégralement sous le titre *Propos d'un bâtisseur du bon Dieu*. Les seize hors-texte qui ornent l'ouvrage posthume de Dom Bellot permettent aux plus profanes de comprendre et de saisir d'un premier coup d'œil la réforme que ce moine bénédictin a apportée à l'architecture religieuse.

## Polémique

C'est presque un paradoxe que ce moine architecte, dont l'Ordre avait pour devise la PAIX, ait soulevé au Québec

une telle controverse. Mais c'est un fait. Plusieurs architectes québécois n'aimaient guère Dom Bellot. Ce
n'était pas tant son art, que quelques-uns ont d'ailleurs
contrefait, qui leur rendait sa présence aussi pénible que sa
concurrence. Parce qu'il était religieux, ils craignaient qu'il
ne leur enlevât le meilleur de leur clientèle : les curés.
Certains d'entre eux, non contents de protéger les intérêts
de leur profession en le réduisant à l'inactivité, voulurent
même le faire expulser du pays. Le sénateur Raoul Dan-
durand se porta à sa défense et Dom Bellot put mourir au
pays. Les réactions de Dom Bellot face à ces critiques furent très sereines : « Vraiment je ne sais pas ce que j'ai pu
faire pour amonceler cet orage. Dalbis m'a dit aussi que
Maillard avant mon arrivée lui avait fait des reproches à
mon sujet », écrit-il à Courchesne le 26 août 1934. Enfin à
Dufresne il confie, le 14 mars 1935 :

> Travailler dans le calme est nécessaire et si la polémique s'en mêle,
> nous passerons notre temps à nous disputer, ce qui n'avancera
> rien. Il faut réfléchir et travailler en silence. C'est en produisant
> de belles choses que nous montrerons la vérité des théories. Il faut
> beaucoup réfléchir et méditer de belles œuvres du temps passé.

## Autres visites

Le vœu de Dom Bellot était de donner des cours
d'architecture et de montrer aux jeunes une réalisation qui
serait l'enseignement idéal. C'est, en tous cas, ce qu'il
écrivait à Dufresne le 16 septembre 1934 : « Si je pouvais
aller travailler quelques semaines avec vous cela aiderait
beaucoup plus que toutes les conférences; elles n'ont eu de
bon que de me mettre en relation avec le Canada, ce qui
à mon sens était capital. Maintenant, je vous connais
mieux. »

### La basilique Saint-Joseph du Mont-Royal (décembre 1936)

Un membre de la Congrégation de Sainte-Croix, Henri-
Paul Bergeron, ayant entendu ses conférences convainquit

le Supérieur de la communauté, Albert Cousineau, de lui confier la continuation du grand chantier de la basilique, à la mort de l'architecte Alphonse Venne. Ne pouvant travailler qu'avec l'aide d'un architecte canadien, Dom Bellot demanda à Lucien Parent, connu des Pères de Sainte-Croix pour avoir travaillé pour eux à Saint-Laurent, d'être son collaborateur, puis il retourna en France. Parent étant associé à cette époque avec Tourville, Dom Bellot eut ainsi deux collaborateurs. « Pour le public, c'est Parent l'architecte, mais c'est moi qui suis responsable vis-à-vis des Pères », précise-t-il à Courchesne le 2 février 1937.

La construction, déjà avancée, s'élevait jusqu'à la hauteur des voûtes. L'architecte était donc prisonnier du plan [48] et seul l'aménagement de l'espace intérieur lui incombait. Selon ses principes architecturaux, les procédés de proportions furent appliqués, non seulement pour le dôme et les tourelles, encore inachevés, mais aussi pour toutes les formes intérieures qui furent radicalement transformées. La partie supérieure des fenêtres latérales a la forme d'une rosace [49], analogue à celle que l'on faisait au Moyen Âge. Dom Bellot suit l'esprit traditionnel, mais ne pastiche pas les formes. Il rythma chaque travée au moyen d'arcs polygonaux en béton [50]. Ces arcs devaient être très colorés, de même que la voûte. D'après le père Henri-Paul Bergeron, voici la gamme des couleurs choisies par Dom Bellot : « le plafond, vert et violet; les arcs, ocre foncé; les colonnes, vieux rose; le dôme, vert et brun; la base, en granit noir et les écoinçons en mosaïque turquoise. » [10] La basilique actuelle ne présente pas ces données, car d'autres architectes, dont Gilbert Moreau (1950-1961) et enfin Gérard Notebaert et Jean-Claude Leclerc, reprirent et terminèrent l'intérieur en 1967. Dom Bellot, en effet, ne fut pas autorisé à travailler comme architecte au Québec. Il s'en est ouvert ainsi le 4 avril 1941 à Mgr Ernest Lemieux : « J'ai reçu une lettre recommandée de l'Association des architectes de la province de Québec qui me signifiait que ma demande de permis temporaire pour l'Oratoire était refusée. Si bien que par le fait mon contrat avec les Pères est rompu. Et voilà l'Oratoire arrêté, faute de direction. »

Cependant, le projet qu'il avait élaboré pour le dôme put être réalisé [51]. Il conçut, à la croisée du transept, un dôme très élevé et très grand (env. 38 mètres de diamètre sur 29 mètres de hauteur) qui rappelle beaucoup celui de Sainte-Marie-de-la-fleur à Florence. Ce dôme est fait de deux voiles minces de béton, deux coquilles ovoïdes entièrement indépendantes l'une de l'autre, qui reposent chacune librement sur des arcs polygonaux réguliers; il ne comporte aucune structure métallique. L'épaisseur du dôme extérieur est de 18 centimètres, celle du dôme intérieur de 12 centimètres. Pour la coupole extérieure, les ingénieurs Cailloux, Labrecque et Papineau ont adopté le polygone à seize côtés qui répondait aux exigences du calcul et s'adaptait à la paroi du dôme intérieur déjà dessiné à seize côtés. Cependant le revêtement de cuivre a huit pans. Cet espace permet la ventilation, le passage de la tuyauterie et des conduits électriques. Ce dôme est une réussite du point de vue technique autant qu'il est une réalisation empreinte de majesté.

## L'abbaye de Saint-Benoît-du-Lac

Félix Racicot, Dom Claude-Marie Côté et Dom Bellot sont les trois auteurs de l'abbaye bénédictine de Saint-Benoît-du-Lac [52]. Le 27 avril 1935, le père prieur Dom Léonce Crenier écrit à Dom Bellot, lui demandant de faire les plans de ce monastère. Dom Bellot devait s'associer à un architecte membre de l'Association des architectes de la province de Québec, d'où la participation de Dom Côté et de Racicot. Afin de s'adapter à la topograhie du terrain et pour que les locaux aient plus de soleil, les architectes conçurent un plan polygonal [53]. Seulement deux des cinq ailes prévues ont été construites, mais Dom Bellot revisa lui-même les plans de la future église abbatiale et toute la partie de l'édifice non encore construite. C'est le style Dom Bellot adapté au pays et au site, même si l'ensemble a un aspect plutôt médiéval. La façade, toutes les surfaces de l'édifice et tous les volumes ont été vérifiés à la section dorée.

Les fondations et l'armature sont en béton armé. Les murs de 58 à 66 centimètres d'épaisseur sont renforcés par des contreforts qui coincident avec les colonnes de l'armature de béton. Ces contreforts évitent la monotonie d'un mur plat et donnent un élan vertical à l'édifice [54]. Pour tout l'extérieur du monastère Dom Bellot utilisa un granit blanc de la région et il le mit en valeur avec le même goût qu'il avait montré ailleurs pour la brique. Des joints colorés soulignent certains dessins de pierre et distinguent les différences de plans. Entre les deux tours, la tour du Chapitre et la tour Saint-Jean-Baptiste, une galerie vient clore avec ses larges baies le rythme ascendant créé par la variété des fenêtres d'un étage à l'autre. Dans le grand escalier [55] de la tour Saint-Jean-Baptiste, Dom Bellot a laissé apparente la structure des huit colonnes de béton, se mariant très bien avec la brique des murs. Cet escalier est la réplique de celui du monastère Les Tourelles à Montpellier [56]. Le capuchon de la tour abrite un immense réservoir d'eau pour les besoins de la communauté.

L'intérieur du monastère, en particulier le cloître [57], est la plus belle œuvre d'art dont le moine ait doté le Québec. Vu la rigueur du climat québécois, ce cloître est complètement fermé, il relie entre elles les différentes ailes du monastère. Construit en brique, il est orchestré avec un art savant qui fait valoir aussi bien les lignes de la construction que celles de la perspective. De plus, il se dégage de la succession d'arcs paraboliques une impression d'harmonie et de force due sans doute aux proportions et à la courbe calme si heureusement calculée de la parabole. Ces arcs portent des poutres de bois et des lattes qui fixent le plafond. La décoration, très sobre, sert à mettre en valeur les formes essentielles de l'architecture. Ainsi trois rangées de briques rousses soulignent le pourtour des arcs, tandis que l'agencement et le coloris des dessins géométriques du dallage rythment chaque travée. Par contre, une vraie tapisserie en briques couvre le mur du fond : simple jeu d'appareil de briques et joints de couleur. Dom Bellot manie ce matériau avec aisance et sait lui faire rendre tout ce qu'il peut donner. La lumière filtrée par des vitraux

colorés contribue elle aussi à donner à ce cloître une
atmosphère propice à la méditation. C'est dans cet esprit
que le moine architecte a voulu cette grande simplicité. Il
semble bien qu'au Québec peu de constructions monastiques aient marqué avec une aussi singulière autorité
l'alliance de la mystique et de l'art.

Saint-Benoît-du-Lac marque la fin de la carrière architecturale de Dom Bellot et est en même temps son
chef-d'œuvre. On y trouve une synthèse complète des
lignes, des formes, des couleurs et des matériaux
— pierre, brique, béton — employés dans toutes ses
œuvres précédentes et utilisés ici avec une parfaite
maîtrise. C'est finalement la seule œuvre canadienne
entièrement de lui.

## Le Grand Séminaire de Québec

Une mésaventure semblable à celle de l'Oratoire Saint-
Joseph arriva à Dom Bellot pour la construction du Grand
Séminaire de Québec. Les autorités de cette institution, en
effet, tout en décidant de confier le contrat à l'architecte
Ernest Cormier, souhaitaient, à la demande du cardinal
Villeneuve, que Dom Bellot soit associé à ce projet, selon
une résolution du conseil du Grand Séminaire datée du
23 septembre 1940. Cette résolution fut confirmée le
31 octobre suivant, en une lettre que Mgr Ernest Lemieux,
secrétaire de la Commission diocésaine des Arts sacrés et
supérieur du Grand Séminaire, adressa au cardinal Villeneuve lui proposant de faire participer Dom Bellot à la
préparation du projet.

Dom Bellot s'engagea immédiatement dans des
études préliminaires en collaboration avec Ernest Cormier. Le 29 décembre 1940, il écrit à Mgr Lemieux :
« Tous ces jours, j'ai crayonné la cathédrale, c'est un
gros et difficile morceau, mais je veux bien connaître
l'encombrement qu'elle occupera sur le terrain afin de
pouvoir situer le Séminaire à sa vraie place et l'intégrer
harmonieusement à l'ensemble. » Mais l'interdiction qui
lui fut faite de travailler au Québec empêcha la signature

d'un contrat en bonne et due forme avec l'Archevêché et le Grand Séminaire. C'est l'architecte Ernest Cormier qui en fut officiellement chargé le 26 avril 1941, ce qui permit à ce dernier de nous affirmer, le 22 novembre 1974 : « Je suis le seul auteur du Grand Séminaire de Québec comme architecte et ingénieur. L'architecture de cet édifice n'a absolument rien du style Dom Bellot. » Cormier abandonna complètement les premiers plans de Dom Bellot et reprit entièrement le projet pour répondre à de nouveaux besoins, sur un nouvel emplacement. Le Grand Séminaire ne peut donc être rattaché au dom-bellotisme, même si les arcs paraboliques du cloître évoquent l'architecture du bénédictin.

## Premières tentatives de constructions « dom-bellotistes »

Une des premières manifestations de l'art religieux moderne au Québec est la reconstruction dans ses vieux murs de l'église Saint-Jérôme de Matane, par les architectes Paul Rousseau et Philippe Côté, de Québec. L'incendie de novembre 1932 avait détruit l'intérieur mais épargné les murailles. Celles-ci furent conservées, mais la façade fut modifiée et la hauteur de l'église réduite de quatre ou cinq assises. L'intérieur est entièrement neuf [58]. Des arcs paraboliques aux arêtes vives constituent l'ossature de l'église. Ils portent tout : plafond et toiture; ils déterminent tout : largeur de la nef, profondeur des travées et hauteur sous arc. Leur galbe épouse la forme quasi exacte de ce qu'on appelle la courbe de pression, ce qui neutralise les poussées latérales et assure la stabilité de l'édifice. Par contre, on note une certaine sécheresse dans le sommet des arcs où est disposé l'éclairage artificiel. Les murs intérieurs, en ciment armé, sont recouverts d'une matière antisonore et d'une mince couche de plâtre et de

chaux beige. Philippe Côté nous a lui-même avoué qu'il
était bien conscient de s'être inspiré de Dom Bellot et qu'il
avait essayé d'adapter cette architecture à notre milieu. Il
connaissait le moine architecte grâce aux revues d'art et
aux professeurs français Yvan Baillèle et Panichelli, qui en
parlaient dans leurs cours à l'École des Beaux-Arts de
Québec. Architectes et ecclésiastiques s'accordent à voir
dans l'église de Saint-Jérôme de Matane la première application du style Dom Bellot. Elle fut construite dans les
années 30, et c'était à l'époque toute une innovation. Cet
édifice n'est cependant pas triangulé[4].

L'intérieur de l'église Saint-Jacques fut entièrement
refait en 1935-1936, après un désastreux incendie survenu
en mars 1933. L'architecte Gaston Gagnier avait un programme très difficile à exécuter. Il devait faire une œuvre
moderne, tout en conservant les murs, la façade et le
clocher de style gothique, qui avaient résisté au sinistre.

> C'est alors que l'architecte de la reconstruction de l'église Saint-
> Jacques alla consulter Dom Bellot, de passage à Montréal, lors
> d'une tournée de conférences sur l'architecture, dans le temps, à
> travers le Québec... celui-ci approuva l'idée d'essayer de repro-
> duire, en les adaptant, les membrures en pente et à pans coupés
> de la charpente apparente en béton armé, sous formes d'arcs, de
> sa nouvelle église moderne d'Audincourt.[5]

Pour discerner les éléments caractéristiques du style
dom-bellotiste de ce monument, démoli en 1974 pour
faire place aux bâtiments de l'Université du Québec et
dont il ne reste aujourd'hui que des vestiges (le clocher et
la façade du transept sud), il convient de considérer ses
données principales. C'était une église à nef unique. Elle
comportait originairement un prolongement de l'aile
droite du transept qui donnait sur la rue Sainte-Catherine.
Cette aile fut réduite de façon à ramener le plan à une
croix latine. Le chœur était peu profond. Tout ce qui res-
tait de bon dans les ruines avait été relié par une charpente métallique. La toiture avait été abaissée d'environ
4,50 mètres; la voûte n'y perdait à peu près rien de son

---

[4] Gérard Morisset, « Une église de notre époque : Matane ».
[5] Dom Claude-Marie Côté, « Son style Dom Bellot », *Album souvenir du centenaire de la paroisse Saint-Jacques*.

élévation, car l'architecte avait fait simplement disparaître un entretoit. Cette voûte était soutenue par une charpente métallique reposant sur des piliers de béton, mais les fermes, en forme d'arcs brisés, donnaient l'impression d'une charpente toute en béton.

Les arcs [59] donnaient à l'église toute sa signification, sa forme et son relief; ils étaient à la fois ossature et orne-ment. À la croisée du transept et de la nef, ils se rencon-traient en diagonale. Ce mouvement central se continuait le long des murs, où il allait mourir. Ceux qui ceinturaient le transept étaient même doublés et ajoutaient un accent encore plus vigoureux. Voici tout de même la critique qu'en fait Dom Bellot lui-même à Adrien Dufresne, le 24 novembre 1935 : « Il y a de bonnes choses, mais aussi de moins bonnes, ainsi dans ses grands arcs, il y a une égalité entre A et B [deux segments de l'arc] gênante. Si cela ne l'ennuie pas, je remettrai au point son projet, mais je ne dirai pas que j'y ai touché. »

Une des grandes difficultés que l'architecte devait résoudre était d'harmoniser l'ogive avec les motifs mo-dernes qu'il avait adoptés. Il s'en tira très heureusement par d'habiles liaisons et transitions. Ainsi, les murs de l'ancienne église gardèrent leurs verrières en forme d'ogives que Gagnier encadra d'un retrait pratiqué dans l'épaisseur du mur, les lignes légèrement inclinées servant de transition. Le mur du chœur, de même que celui du revers de la façade [60], présentaient un grand arc ogival encadré par l'arc polygonal du plafond.

La base des murs était d'un ton assez neutre tirant sur le gris rosé. Les murs eux-mêmes étaient en blocs de ci-ment et la partie supérieure était recouverte d'un enduit à base de ciment d'un ton clair tirant sur le gris beige. Le plafond, d'un ton beige orangé qui réchauffait l'ensemble, était orné de chevrons enrichis d'un décor géométrique très stylisé, parallèles aux arcs.

Pour refaire cette église, Gaston Gagnier n'avait pas pu appliquer le système de proportions de Dom Bellot, puisqu'il fallait s'en tenir à des dimensions établies. Mais

son œuvre présentait des formes proches de celles qu'af-
fectionnait le bénédictin et que l'on voit à Audincourt.

Après ces premières tentatives d'architecture dom-
bellotiste dans la reconstruction d'intérieurs d'églises, arri-
vent des œuvres complètes réalisées par des disciples que
le maître avait lui-même formés.

# IV

# Trois disciples québécois

## ADRIEN DUFRESNE

NÉ en 1904 à Beauport, élève au Petit Séminaire de Québec puis à l'École des Beaux-Arts de Québec de 1924 à 1930, Adrien Dufresne s'intéresse très tôt à l'architecture religieuse. De 1924 à 1926, c'est l'architecte américain Bertram Grosvenor Goodhue (1869-1924) qui l'intéresse le plus, il admire l'aspect novateur de son architecture et surtout la logique de ses principes. Les œuvres de Goodhue, telles les églises Saint-Vincent-Ferrier et Saint-Barthélémy à New York, ainsi que la chapelle de l'Université de Chicago, lui apparaissaient personnelles, plus modernes d'esprit et plus libres de style.

Mais au premier contact avec celles de Dom Bellot, Dufresne fut conquis par cette architecture et adopta d'emblée les idées de base de ce style. Suivant les directives de son nouveau maître, il entreprit la lecture de Viollet-le-Duc, Auguste Choisy et Matila Ghyka, pour connaître le système de proportions. En 1930, il obtint une bourse du gouvernement du Québec qui lui permit de poursuivre ses études en Europe, où il rencontra Valentine Reyre et Maurice Storez, tous deux membres du groupe de l'Arche, puis Dom Bellot lui-même avec lequel il était déjà en correspondance. Il fit plusieurs séjours à Wisques, où se trouvait l'atelier du moine architecte et il visita ses églises. Ce séjour en Europe resserra les liens qui l'unissaient à son maître et qui feront de lui l'un des principaux représentants du dom-bellotisme au Québec.

Dufresne contribua à propager cette doctrine architecturale en formant lui-même d'autres disciples qui allèrent travailler avec lui à Beauport : Léonce Desgagné de Chicoutimi, qui de 1932 à 1935 approfondira les principes architecturaux du dom-bellotisme avant de les mettre à profit dans sa région du Lac Saint-Jean, et Claude-Marie Côté.

Dufresne a construit lui-même environ une douzaine de chapelles et d'églises dans le style dom-bellotiste. Seuls ces bâtiments retiendront ici notre attention, notre propos n'étant pas de présenter l'ensemble de son œuvre qui comporte de nombreuses autres réalisations non apparentées aux formes dom-bellotistes.

# Les œuvres de fidélité (1936-1946)

## *L'église Sainte-Thérèse de l'Enfant-Jésus à Beauport*

Cette œuvre attachante, et en même temps une des plus représentatives du style Dom Bellot au Québec, marque les débuts d'Adrien Dufresne en architecture religieuse. C'est une architecture logique et sincère qui tient compte à la fois des nécessités cultuelles, climatiques et économiques de la région. Le plan est simple, mais rationnel [61]. De forme rectangulaire, il comporte un porche qui abrite sur sa gauche le baptistère et sur sa droite l'escalier conduisant à la tribune. Une seule nef, composée de six travées et coupée dans le sens de la longueur par une série d'arcs en chaînette, permet aux sept cent-cinquante fidèles qui peuvent y prendre place de voir facilement le prêtre à l'autel. Cette organisation de l'espace intérieur conserve l'axe longitudinal traditionnel, mais l'absence de colonnes rassemble en un seul groupe organique l'assemblée des fidèles. Autres caractéristiques de ce plan : les bras du transept sont peu saillants, le chœur est à chevet plat et la sacristie placée à gauche du chœur peut se transformer en chapelle d'hiver, conformément à la tradition des églises

québécoises où l'on voit habituellement la sacristie jointe à
l'église par un couloir le long d'un côté du chœur.

Sainte-Thérèse n'est pas une grande église, mais ses
proportions sont harmonieuses et elle est faite de lignes
simples. Au premier abord, l'extérieur semble assez fruste
[62, 63, 64]. Pour des raisons économiques, Dufresne
choisit comme matériau la pierre des champs de la
paroisse même de Beauport pour le parement extérieur,
et des briques beiges pour les murs intérieurs et les grands
arcs. L'ardoise de deux tons, bleu et noir, avec une frise
vert olive recouvre le toit. La façade est ornée d'un porche
en saillie et la pente de son toit, moins aiguë que celle du
toit allongé de la nef, crée une impression d'harmonie plus
grande vue en perspective. Dom Bellot lui-même utilisa ce
procédé de pentes différentes pour les toits des églises
d'Eindhoven, d'Audincourt et de Suresnes. Le relief du
porche, la croix en pierre sur le haut du pignon et le
rythme créé par la disposition des cinq baies au-dessus du
portail, animent cette façade et accusent un souci de pittoresque modéré, mais les deux portes viennent se coincer
dans l'arc et semblent très gênées [65]. Le tympan est
décoré de deux petits motifs formés de briques de
couleurs différentes. Le trumeau supporte une statue de
sainte Thérèse-de-Lisieux exécutée par Henri Anger en
« taille directe » dans un bloc de pierre brun rosé, d'après
une composition de Marguerite Giguère et de Dufresne.
L'unique clocher, terminé par un abat-son et de forme
pyramidale, surmonte le toit et il est d'un effet aussi lourd
que toute l'église. Les saillies extérieures des façades
latérales de la nef, qui forment de grandes lucarnes, ne
sont pas le fruit d'une fantaisie mais un moyen ingénieux
de maintenir la poussée des arcs à peu de frais. Dufresne
voulait couper le bout des pignons des lucarnes mais il y
renonça, à la suggestion de Dom Bellot qui lui écrit,
le 25 mai 1934 : « Chez vous, avec la neige, c'est à
prohiber. » Entre les contreforts, les murs sont percés
d'une série de petites fenêtres groupées trois par trois et
surmontées d'arcs brisés. Autour de ces fenêtres et dans la
pointe des lucarnes, la brique de couleur remplace la

pierre. Le vert et le noir du cadre des ouvertures et des
portes, puis le jeu des briques noires, rouges, grises et
chamois, donnent à l'extérieur de Sainte-Thérèse une note
de gaiété que l'on trouve rarement dans une église
entièrement en pierre. Par son allure générale et sa
silhouette, elle se rapproche beaucoup des petites églises
de Bretagne et de Normandie. Dufresne a lui-même dé-
claré s'être inspiré, pour l'extérieur, de l'église Sainte-
Thérèse de Gouedic, à Saint-Brieuc en Bretagne, construite en 1931 par l'architecte James Bouillé, disciple français de Dom Bellot [66].

L'extérieur est le reflet de l'intérieur [67, 68]. La
forme intérieure a été proportionnée sur le plan, puis
selon une coupe transversale et une autre longitudinale.
Tout a été calculé à l'équerre selon une ouverture d'angle
de 63° 26'. Dans la nef, l'arc en chaînette, fait avec des
briques polychromes, grises, blanches, noires et rouges,
relie les murs et les voûtes et forme presque toute la
décoration intérieure. La courbe de l'arc, qui commence
très près du sol, est agréable et sans brisure. La hauteur de
ces arcs est la résultante d'une courbe naturellement
formée par une chaînette suspendue à ses deux extrémités
et éloignées l'une de l'autre d'environ 14,50 mètres. La
faible hauteur des voûtes facilite ainsi le chauffage de
l'église. Le plafond est supporté par des pannes et de simples chevrons. On retrouve sur les murs intérieurs les
mêmes couleurs qu'à l'extérieur : le chamois, le gris, le
rouge et le noir. De la couleur partout, mais harmonieuse
et reposante. L'éclairage latéral est rendu plus discret
grâce au plein des arcs qui s'engagent dans la nef.
Lumière, couleur et équilibre donnent à Sainte-Thérèse
une impression d'espace et de richesse qui étonne le visi-
teur.

Dom Bellot, qui a suivi de très près la construction de
cet édifice, loue le talent et l'habileté de son auteur, dans
l'*Almanach de l'Action Sociale Catholique* de 1938, « parce que
tout s'harmonise parfaitement, chaque chose a une raison
et surtout parce que cet architecte voit tout de façon
esthétique et donne priorité à l'ensemble sur les détails. »

Sainte-Thèrèse possède donc toutes les caractéristiques du style dom-bellotiste : triangulation, arcs paraboliques et étroite union de la couleur avec la forme. On peut sûrement faire un rapprochement entre son intérieur et celui de Notre-Dame-des-Trévois [69]. Dufresne considérait cette église comme un essai et il s'est gardé d'y introduire l'ensemble des possibilités qui lui étaient offertes par une architecture nouvelle. C'était un tournant dans l'histoire de notre architecture religieuse qui adoptait le style Dom Bellot.

Après avoir vu l'église Sainte-Thèrèse de Beauport, le père Dubé, curé de Limestone, dans le Maine, demanda à Dufresne de construire une église pour ce petit centre rural, peuplé de Franco-américains. En 1937, l'architecte fit pour cette église une vingtaine de projets dans le même style que Sainte-Thèrèse, mais l'édifice ne fut jamais construit. Leur analyse montre que Dufresne, préoccupé par les problèmes de proportions, tout comme Dom Bellot son maître, étudie toutes les parties selon le « système de triangulation » : l'ensemble de l'édifice, de même que chacune de ses parties, s'inscrivent dans un triangle ayant la même ouverture d'angle. C'est ce qui crée l'harmonie et l'unité qui se dégagent si fortement des églises de Dufresne [70, 71].

## L'église Sainte-Sophie (comté de Mégantic)

Cette église fut érigée d'après les plans de Dufresne avec l'aide de Jean Berchmans Gagnon, architecte de Thetford-Mines [72]. Voici ce qu'en pensait Dom Bellot :

> Votre Sainte-Sophie a des qualités et aussi des défauts. La façade est sèche. Ces petites pierres qui forment l'encadrement des fenêtres et des portes sont à revoir, il y avait là quelque chose à trouver; le clocher est anémique, il faudrait [à la base de la flèche] une bonne saillie. Le porche pour une petite église est trop compliqué; un bon rectangle ou un carré aurait fait plus monumental. À part cela, la silhouette est bonne, le parti est franc. (Lettre à Dufresne du 22 oct. 1940).

Le gros œuvre est édifié avec une pierre grise de la région de Deschambault dans le comté de Portneuf.

À l'intérieur [73] Dufresne utilise le béton pour la première fois. L'ossature de la nef est formée d'arcs polygonaux mais leur ligne est indécise. Il aurait fallu faire une ligne droite ou quoi que ce soit de plus expressif. Les retombées manquent de corps. Elles sont trop frêles sous la masse des parties hautes. Il est étrange qu'un trompe-l'œil comme les fausses fenêtres soit enduit de chaux. Dufresne a senti le besoin d'accompagner les deux fenêtres et a fait ces défoncements trop larges. L'arc en brique de forme parabolique qui ouvre sur le sanctuaire [74] est bien à sa place et l'encadrement en enduit est heureux, de même que l'éclairage sur le haut des côtés du chœur.

## La chapelle de l'École normale de Mérici à Québec

Pour cette chapelle [75] Dufresne se souvient du réfectoire du monastère Les Tourelles à Montpellier [76] et aussi de l'oratoire temporaire de Saint-Benoît-du-Lac [77] qui deviendra le réfectoire quand l'abbaye sera terminée. Il y a une analogie évidente entre ces œuvres surtout dans la façon d'utiliser les arcs en béton pour supporter le plafond et rythmer chaque travée. Ces arcs polygonaux sont évidés dans les extrémités supérieures où la résistance du matériau est moins grande. Cette matière n'est pas nécessaire et elle serait même superflue pour soutenir efficacement les murs, mais Dufresne fait retomber les arcs sur des colonnes qui soutiennent toute la charpente et aménage un étroit passage de circulation près des murs. Le chœur [78] à cinq pans coupés se termine au sommet par une large croix, aux branches courtes, qui diffuse une lumière artificielle directe et non tamisée dans ce sanctuaire. Quelques colonnes de briques beiges, entrecoupées de mortier vert, des ouvertures terminées en arc de mitre, la forme des arcs de la nef et enfin l'allure générale de la chapelle rappellent Dom Bellot. Sur le plan de la couleur, rien d'éclatant : du beige pour les arcs et deux tons de brun pour le plafond.

## La chapelle de l'église du Saint-Esprit à Québec

La chapelle des mariages de l'église du Saint-Esprit [79], située sous la sacristie dans le sous-sol de l'église, est une petite construction de forme oblongue dont les deux extrémités se terminent en angles de quarante-cinq degrés. Cette disposition originale a été conçue par l'architecte « pour imiter une abside. » À l'intérieur, seule la brique est utilisée, avec toutes ses ressources propres qui permettent de souligner les formes architecturales par la couleur, celle-ci demeurant quand même, comme il convient, au second plan. La chapelle évoque, par sa forme, ses dimensions réduites et sa série d'arcs paraboliques reliant· les murs, les cloîtres de Vanves [37] et de Saint-Benoît-du-Lac [57]. Dufresne fait commencer l'oblique des arcs très bas en utilisant l'appareil en tas de charge, comme Dom Bellot l'avait fait à Vanves. Cette disposition lui permet d'appréciables économies de briques et absorbe la poussée des arcs. Pour égayer ces mêmes arcs, Dufresne les encadre, depuis le moment où ils se dégagent de la verticale, d'une double rangée de briques brunes et rouges avec des joints blancs et décore l'intrados par une alternance de briques beiges et brunes. Une frise horizontale, toujours faite de briques colorées, vient rompre la monotonie des murs trop uniformes et en souligne le sommet. Le dallage, avec ses dessins géométriques, reprend le thème décoratif de l'intrados de l'arc lorsqu'il est placé sous celui-ci, et il devient uni avec un seul motif central lorsqu'il recouvre la partie correspondant au plafond. L'œuvre est simple mais elle est charmante. L'impression d'harmonie qui s'en dégage tient sans doute à la courbe si heureusement calculée de la parabole.

## La chapelle du patronage Sainte-Geneviève à Québec

Toutes les caractéristiques du dom-bellotisme sont réunies ici [80, 81]. Dufresne est encore très près des œuvres de son maître mais il semble parvenu à une maîtrise parfaite du style, des techniques raisonnées et pleinement logiques.

Avec un minimum de moyens, il obtient un maximum
d'effet. Le système d'équilibre de cette nef unique se compose essentiellement de grands arcs en briques, de forme
elliptique, percés à leur base d'un petit passage servant à la
circulation [82]. La partie intérieure de ce contrefort
forme pilier. L'arc longitudinal commence en tas de charge en quittant le pilier pour se terminer en mitre. Pour
alléger le poids des contreforts, l'architecte les a percés
dans la partie haute de petites ouvertures décorées d'un
fenestrage en brique. Fait à remarquer, pas une brique
moulurée n'a été employée dans cette construction. Les
ressources du coloris ont été mises à profit également.
L'ensemble a été proportionné selon le système géométrique de la triangulation. C'est pourquoi ce volume
intérieur est si harmonieux et cohérent. Voici l'opinion
que Dom Bellot exprimait à Dufresne le 24 décembre
1940 : « La coupe de la chapelle est bien [83]. Faites pourtant attention d'avoir assez de plafond au-dessus de vos
arcs. Les petits passages sont trop hauts. Ne me souvenant
pas exactement du programme, je ne peux juger dans le
détail, pourtant il me semble que vous y répondez avec
assez de sincérité. » Ce conseil de Dom Bellot fut suivi par
Dufresne qui abaissa les arcs latéraux.

## L'église Notre-Dame-de-la-Paix à Québec

Dufresne fit ici trois projets différents avant celui qui fut
adopté. Le premier est une croix grecque construite sur les
diagonales d'un emplacement carré [84]. Le second devait
s'adapter à la forme triangulaire d'un petit terrain limité
par la rue Saint-Paul, le boulevard Charest et la rue
Saint-Roch; l'église s'inscrit alors dans un hexagone tandis
que la sacristie occupe le sommet du triangle [85]. Enfin, le
dernier projet conçu pour occuper le terrain rectangulaire, finalement retenu, présente un plan carré [86]. On
voit que ces trois premiers projets ont en commun
l'utilisation du plan central. Dans le projet définitif [87], il
est intéressant de noter la disposition des bâtiments sur
le terrain de forme rectangulaire. L'église se situe en
diagonale. Cette disposition oblique permettait à l'archi-

tecte de concevoir un plan allongé. Par contre, la salle paroissiale placée à gauche et le presbytère à droite empêchaient un dégagement suffisant de l'église sur les côtés. Mais seule la salle paroissiale fut construite. Le feu la détruisit quelques années plus tard et le presbytère fut alors installé à cet endroit.

Le plan de cette église à une seule nef, comme toutes les églises de Dufresne, exploite l'espace au maximum. La circulation est plus aisée et la vue sur le chœur est entièrement libre. Sept travées se succèdent pour aboutir à un chœur de forme octogonale. Le transept est absent. Sur le plan on devine qu'au dehors, la construction avec ses angles, les uns rentrants, les autres saillants, est extrêmement originale [88]. Nous retrouvons ici l'influence du plan d'Audincourt [89] de Dom Bellot. Les façades latérales semblent percées de niches [90] tant les défoncements sont profonds, et ainsi les jeux d'ombres, de pleins et de vides, ajoutent du pittoresque et de la saveur. La façade [91] placée dans l'angle du terrain, avec son porche à pans coupés et les deux tourelles abritant les escaliers, s'apparente à celle de la chapelle que Dufresne ajouta à l'église Saint-Grégoire de Montmorency [92].

Voici comment l'architecte a conçu l'élévation [93]. Toute la toiture de béton est portée par de grands arcs paraboliques en briques, allégés au sommet par deux petites ouvertures. La poussée de ces arcs trouve un arrêt suffisant dans le contrefort intérieur. Les arcs longitudinaux de forme elliptique contribuent à maintenir le système d'équilibre. L'espace entre chaque contrefort [94], qui correspond à la saillie extérieure, devait servir aux confessionnaux et aux autels latéraux. La brique employée dans cet intérieur joue donc à la fois un rôle architectonique et décoratif. Une seule tonalité beige, ponctuée de quelques briques brunes et rouges, forme le coloris [95]. Le parti décoratif pris pour souligner la courbure des arcs et la bande au bas des fenêtres est très sobre. Par contre, le sanctuaire s'ouvre sur la nef par un arc moins large que les autres et le mur qui l'entoure ressemble à une tapisserie au petit point de brique. Dans la bordure ornementale, la brique blanche domine, mais sur la surface du mur les motifs sont créés par l'alternance des briques rouges, brunes et beiges. La lumière, tamisée dans le chœur par trois verrières circulaires exécutées par Max Ingrand, produit une atmosphère d'intimité propice au recueillement, rejoignant ainsi une des préoccupations de Dom Bellot qui voulait qu'un certain mystère entoure l'autel. On ne peut en dire autant de l'éclairage très faible de la nef, pour laquelle le bénédictin recommandait une « grande lumière »[1].

Dans cette église, Dufresne compose un volume intérieur dont l'extérieur n'est que la rigoureuse expression. Le choix de l'emplacement, la recherche des masses et le dessin nerveux de la silhouette semblent avoir été particulièrement recherchés.

### L'église Notre-Dame-de-la-Guadeloupe (comté de Frontenac)

La façade de cette église [96] et celle de Notre-Dame-des-Trévois [36] présentent beaucoup de similitude, avec leurs deux grandes portes de caractère monumental, surmontées d'une rosace entourée du même motif décoratif en étoile, et le clocher planté sur le porche. Cependant, l'église de Dufresne comporte des pignons sur les façades latérales [97], alors qu'à Notre-Dame-des-Trévois, faute de fonds, on renonça à des pignons, qui avaient pourtant été prévus, de même qu'au clocher. De Sainte-Thérèse de Beauport à Notre-Dame-de-la-Guadeloupe, de nombreux détails se retrouvent, comme par exemple le clocher trapu placé au centre de la façade, les lucarnes sur les côtés et le décor très sobre.

À la demande du curé et des marguilliers de la paroisse, Dufresne n'a pas conçu l'intérieur dans le style dom-bellotiste, mais plutôt gothique. Il n'y a donc pas lieu d'en parler ici.

---

[1] Dom BELLOT, « Réflexions sur l'architecture ».

# Les œuvres personnelles (1946–1964)

## L'église Saint-Pascal-de-Maizerets à Québec

On peut suivre l'évolution d'Adrien Dufresne en comparant les édifices religieux qu'il a construits, en particulier de 1946 à 1964. De Sainte-Thérèse de Beauport (1936) à Saint-Pascal-de-Maizerets (1946), le décor a considérablement évolué et l'ornement a pris une plus grande importance. Le clocher, très massif, n'est plus au centre mais à côté de l'église [98, 99]. Les arêtes de béton, placées au milieu de chacun des côtés de la tour carrée, forment en plan un second carré qui s'emboîte dans le premier. En élévation, on saisit de façon particulière ce jeu très subtil de lignes et volumes, car le regard se pose presque aussitôt sur la partie supérieure : l'abat-son qui est plus aéré et qui épouse plus nettement la forme étoilée. Cette partie donne à la tour un aspect plus nerveux. En même temps, le clocher nous fait percevoir l'effet de lourdeur de l'église fermement attachée au sol. Elle nous semble trapue et ce sentiment nous vient d'abord des proportions de l'édifice ainsi que de la décoration extérieure. Dufresne coupe le mouvement ascendant de la façade en variant les matériaux dans la partie supérieure et sur les côtés. Il allie la pierre calcaire grise de Deschambault et le granit blanc de la Rivière-à-Pierre. La pierre de couleur foncée qui sert de revêtement s'arrête avant la pointe du pignon pour créer une ligne horizontale, et cette dernière contribue à diminuer l'élan du bâtiment. Autant que la couleur, l'appareillage de la maçonnerie accentue cette prépondérance de lignes horizontales qui renforce l'effet de lourdeur.

L'organisation interne est traduite dans l'élévation latérale [100], grâce aux trois saillies pratiquées dans le toit où l'on décèle immédiatement les trois grandes travées délimitées par des arcs polygonaux jumelés [101]. Dufresne coupe les pignons des deux premières saillies mais conserve celui du transept pour faire dominer ce dernier. À l'intérieur, des arcs de béton forment l'ossature et pour les égayer, l'architecte a dentelé le premier segment, mais ces arcs manquent de volume. Un arc de même forme encadre également chacune des fenêtres. Les murs intérieurs sont en brique de même que les deux arcs paraboliques du chœur [102]. Ce dernier, de plan carré, est fermé par un mur de béton où les angles supérieurs, revêtus de brique, forment une trompe. La voûte de béton de la nef est percée de trois carrés sur la pointe qui logent des projecteurs destinés à l'éclairage artificiel. Une frise de briques polychromes, véritable mosaïque, située sur les murs à hauteur d'homme, ajoute un élément décoratif dans cet intérieur maintenant « tout blanc », puisqu'on a repeint les arcs polygonaux en blanc ainsi que la voûte. Ceci est contraire à l'esprit des constructions de Dufresne et il ne fait aucun doute que la polychromie originale, bleu-vert pour les arcs et vert-olive pour la voûte, répondait mieux au style Dom Bellot. Enfin, chaque extrémité du transept est doublée d'un mur en claustra qui filtre la lumière et crée une atmosphère de paix et de calme.

Saint-Pascal-de-Maizerets est une œuvre qui s'inspire des mêmes principes que les chapelles et églises antérieures de Dufresne et qui relève elle aussi de l'école de Dom Bellot, Cependant, cette église traditionnelle dans son plan [103] semble personnelle par sa technique et sa décoration. On peut dire que la multiplication des effets obtenus par la variété des matériaux et la forme des voûtes au-dessus des grandes verrières réussissent vraiment à animer l'ensemble. Contrairement à Sainte-Thérèse de Beauport, les ouvertures se font plus importantes et les rapports des pleins et des vides s'en trouvent modifiés. Saint-Pascal est toutefois moins pittoresque que Sainte-Thérèse et le béton avec ses formes rectilignes présente plus de sécheresse que la brique polychrome des arcs paraboliques de Sainte-Thérèse. Mais, dans les deux cas, chaque matériau est utilisé selon sa vérité.

*L'église Sainte-Thérèse de l'Enfant-Jésus à Cowansville.*

Cette église [104] serait, d'après Gérard Morisset, la copie
sèche de Saint-Pascal-de-Maizerets. C'est là un jugement
qui, à notre avis, mérite d'être nuancé. Il est vrai que Dufresne utilise le même plan et la même structure de base,
mais il y apporte quelques variantes dans les détails. La
façade, édifiée également en pierre grise de Deschambault, se distingue surtout par le dessin géométrique ori-
ginal des ouvertures qui forment une rosace inscrite dans
deux rectangles orientés diagonalement [105]. Ces ouvertures créent une impression de dynamisme absent à
Saint-Pascal où les lignes horizontales des meneaux et des
linteaux accentuent l'aspect statique du bâtiment. D'autre
part, le relief de granit blanc qui encadre le pignon de la
façade de l'église de Cowansville s'appuie de chaque côté
sur des massifs de pierre grise dans lesquels Dufresne a
percé les portes du sous-sol. La statue du patron de la
paroisse ne surmonte pas le trumeau comme à Saint-
Pascal, mais occupe le centre de la façade, ce qui a pour
effet de diminuer l'importance du portail central. Le
clocher subit aussi quelques modifications. Les contreforts
s'aplatissent et la flèche à quatre pans est coupée à inter-
valles réguliers de lignes horizontales qui dessinent des
gradins. Mais la différence essentielle entre ces deux
églises réside surtout dans la forme des fenêtres. À
Sainte-Thérèse, de grandes verrières colorées de forme
décagonale éclairent la nef, le transept et le chœur [106].
Ce dernier serait plus lumineux qu'à Saint-Pascal [107].
Des arcs paraboliques en briques ouvrent et ferment le
sanctuaire concourant ainsi à la décoration par le jeu de
briques qui souligne la courbe de l'arc. On peut dire qu'à
Sainte-Thérèse, tout comme à Saint-Pascal d'ailleurs, les
éléments de la construction restent toujours apparents
pour servir de décoration.

## L'église Saint-Fidèle à Québec

Nous sommes ici en présence d'une autre évolution dans les
œuvres d'Adrien Dufresne, qui se manifeste surtout

dans la façon d'articuler les arcs et les voûtes à l'intérieur. L'extérieur [108] reste fidèle à la formule adoptée à Saint-Pascal, sauf que le clocher n'est plus un bloc monolithe mais se fait plus léger à cause des ouvertures. L'arête aiguë des angles est remplacée par deux retraits en creux enlevant ainsi toute sécheresse, comme le fait au centre le découpage de la fenêtre située sur un plan reculé. Sur la façade principale, les pignons et les contours des fenêtres latérales [109], Dufresne joue avec deux pierres différentes. Le granit de Saint-Gérard forme le revêtement tandis qu'une pierre blanche décorative vient rompre l'aspect sévère et animer la masse du bâtiment par des plans. Les fenêtres en forme de rosaces semblent rappeler l'architecture du Moyen Âge. Dom Bellot lui-même avait utilisé ce type de fenêtre pour l'Oratoire Saint-Joseph du Mont-Royal. Cela est tout à fait dans l'esprit de l'architecture religieuse de l'époque relativement au passé.

À l'intérieur [110] il n'y a pas de bas-côtés proprement dits, mais simplement un passage de service entre les arcs-boutants et les murs. Le plan [111] consiste en une nef à trois travées et toute l'ossature est en béton armé. L'union entre le plan et l'élévation est adroitement réalisée, les arcs polygonaux étant orientés selon des directions obliques de quarante-cinq degrés et formant une série de trois triangles. Cette disposition fantaisiste se retrouve aussi au sommet des arcs, tous reliés entre eux par deux poutres horizontales de béton qui font toute la longueur de l'édifice pour se prolonger dans le chœur. Au fond, il y a un processus d'accroissement de la richesse formelle à cause de la manière dont les motifs architectoniques ont été travaillés. Dufresne cherche à compliquer sa tâche pour l'articulation, la charpente et tous les éléments porteurs [112]. Il tend à créer l'apparence d'un mouvement en donnant à ses arcs des directions obliques. Il recherche des effets architecturaux plus raffinés, manifestant ainsi des velléités de maniérisme, ce qui bien entendu est une entorse à l'esprit et à la doctrine de Dom Bellot.

## La basilique Notre-Dame-du-Cap

Dufresne travailla vingt ans à l'érection de cette basilique au Cap-de-la-Madeleine. Il en fit quatre plans successifs. Le premier projet [113] est de type allongé. La nef très courte, composée de trois travées, est d'abord précédée d'un transept de même longueur, puis d'un chœur pentagonal avec déambulatoire. Dans le deuxième projet [114], la basilique se présente sous forme de croix latine avec une seule nef. Les bras du transept et le chœur sont de formes pentagonales et de dimensions égales. Le campanile s'élève à gauche de la basilique. Dans le troisième plan [115], la basilique devient à plan central avec une nef de forme carrée précédée d'un narthex. Enfin le plan définitif [116] prévoit un édifice de forme octogonale à dôme pyramidal, Dufresne conservant le principe du plan central défini dans le projet précédent mais passant du carré à l'octogone. Il faut noter cependant que l'octogone se complique aux deux extrémités pour recevoir, à l'est, le chœur et la sacristie, et à l'ouest, le narthex. De chaque côté de la basilique, deux tourelles abritent les escaliers conduisant à la crypte. Deux galeries avec colonnades, appelées « pentes douces », permettent aux malades (il s'agit ici d'une église de pèlerinage) d'accéder directement dans le narthex, sans avoir de marches à gravir.

À Notre-Dame-du-Cap, Dufresne crée une œuvre beaucoup plus personnelle; il a assimilé les principes et les techniques de son maître pour les transformer en un type absolument *sui generis*. Il en reste bien sûr quelques traces, comme par exemple à l'intérieur, l'espace aux volumes bien équilibrés par le système de triangulation mis au point par Dom Bellot. Les lignes élancées des arcs en béton [117] qui fuient vers la voûte et le dôme seraient une adaptation des six nervures de briques qui supportent la voûte de la chapelle du Saint-Sacrement à Vanves [118]. La retombée de ces arcs sur des piliers assez élevés afin d'accentuer l'effet vertical fut la solution qu'adopta Dom Bellot à Suresnes [119]. Les verrières en arc de mitre ainsi que les rosaces de Notre-Dame-du-Cap relèvent du répertoire formel du bénédictin. La couleur, autre caractéristique du style dom bellotiste, donne la note décorative. Le bleu, le vert, le chamois et l'or sont délicatement unis et forment une grande harmonie avec les couleurs chatoyantes des verrières.

L'ordonnance générale du plan, adapté aux besoins d'une basilique, ainsi que l'élévation de Notre-Dame-du-Cap, sont une conception originale de Dufresne. Le dôme intérieur [120], où les lignes se précipitent les unes vers les autres pour se rejoindre en un point central et former une couronne, de même que les murs qui semblent se fermer sur nous, sont autant d'éléments qui s'éloignent du style dom-bellotiste. Dufresne utilise en outre de nouveaux matériaux pour le revêtement intérieur comme le marbre et la mosaïque. Ceux-ci créent une impression de richesse qui contraste avec les intérieurs de brique et de béton de ses constructions antérieures.

Quant à l'extérieur [121], il serait vain d'y chercher l'influence de Dom Bellot. Rien n'y rappelle l'architecture du maître. C'est l'œuvre d'un homme qui évolue dans le sens d'une architecture de plus en plus personnelle. Le disciple s'écarte ici de la voie tracée par le moine architecte et développe sa personnalité et son style propre.

Adrien Dufresne est arrivé à point dans l'histoire de l'art religieux du Québec : on réclamait un renouveau de l'art sacré et le Québec avait besoin de nouvelles églises. En construisant ses édifices, il a voulu se soumettre au grand principe qui régit son art : être de son temps et de son pays. À cette fin, il a cherché à appliquer une doctrine nouvelle, celle de Dom Bellot, qui se caractérise surtout par l'obéissance aux lois intrinsèques de la matière utilisée. Ce sont donc les principes de Dom Bellot plus que le style qui l'ont influencé, sans l'empêcher toutefois de donner à ses monuments un caractère personnel et des matériaux plus en accord avec les ressources du pays. À part l'église Sainte-Thérèse de Beauport, construite en briques et en pierres pour le gros œuvre, c'est la pierre uniquement qu'il utilisera dans les autres bâtiments. Il s'agit de blocs massifs, de couleur gris foncé, grossièrement équarris et avec des joints assez apparents. La maçonnerie, disposée en rangées horizontales, alterne entre une assise large et une plus étroite, ce qui a pour effet de créer une série de lignes droites sur la surface des murs et des façades. Par contre, il utilise judicieusement la pierre taillée autour des portes, des fenêtres et pour les linteaux. L'échelle des statues sculptées en façade est étonnamment grande, surtout à Notre-Dame-du-Cap. Les ouvertures en général sont anguleuses et brisent le rythme trop uniforme de l'agencement des pierres, comme on le voit notamment à Sainte-Thérèse de Beauport, à Saint-Pascal-de-Maizerets et à Notre-Dame-de-la-Paix. On trouve cependant des fenêtres arrondies mais de formes segmentées à Sainte-Thérèse de Cowansville et à Saint-Fidèle. Les toits ont presque tous une pente prononcée qui accentue leur importance. Notre-Dame-de-la-Paix fait exception. Selon John Bland, « le toit devient un important élément émotif dans ce style. »[2] Les formes des églises de Dufresne restent simples, dans l'ensemble, car elles présentent d'une façon vivante une solution équilibrée et stable à un problème architectural.

Il y a également une saveur particulière dans son architecture obtenue par la juste proportion des divers éléments et par des jeux d'ombre et de lumière sur des surfaces nettes. Tout comme Dom Bellot, Dufresne recherche la beauté dépouillée de tout ornement superflu, par des moyens simples, sans complications inutiles. Par contre, dans ses églises il met l'accent sur l'aspect structural

---

[2] John Bland, « A Developing Church Architecture in Quebec ».

plutôt que sur le décoratif, la question des proportions avec le système de triangulation étant souveraine dans son œuvre. Les jeux de briques et la polychromie sont présents mais demeurent secondaires et nettement inférieurs à ceux de son maître. La lumière, si importante pour Dom Bellot, ne semble pas traitée comme un élément artistique par Dufresne. Elle n'est pas toujours canalisée de manière à se concentrer sur le prêtre à l'autel. À part les claustras de Saint-Pascal-de-Maizerets et ceux de la chapelle du patronage Sainte-Geneviève à Québec, on ne constate pas ce souci de tamiser la lumière. Il a, bien sûr, des vitraux colorés, riches de ton, comme à Notre-Dame-de-la-Paix, mais ils ne semblent pas avoir fait l'objet d'une préoccupation différente de ce qui se faisait jadis dans l'art religieux.

Aucun des édifices de Dufresne n'est un pastiche des œuvres de son maître. Si des formes plus ou moins similaires à celles de Dom Bellot se retrouvent dans ses réalisations, c'est qu'il a travaillé selon la doctrine du bénédictin, mais en l'interprétant d'une façon personnelle et conforme aux besoins des Québécois et du clergé. Dufresne fut incontestablement le plus fidèle disciple de Dom Bellot au Québec et il continua de construire des églises dans ce style jusqu'en 1951 environ, après la mort de son maître.

# EDGAR COURCHESNE

NÉ à Upton dans le comté de Bagot en 1903, Edgar Courchesne fit ses études classiques au Séminaire Saint-Charles-Borromée de Sherbrooke de 1916 à 1924. Pendant deux ans, il étudia ensuite la théologie au Grand Séminaire de Montréal et au Séminaire de Sherbrooke. De

1926 à 1930, il fit une cléricature chez l'architecte Louis-N. Audet, à Sherbrooke, ainsi que chez Lacroix et Drouin, à Québec. C'est à l'École des Arts décoratifs de Paris qu'il devait faire ses études d'architecture. Mais en 1931, Dufresne le présente à Dom Bellot à Paris et c'est ainsi que, de juillet 1931 à avril 1932, Courchesne ira étudier et travailler à l'abbaye Saint-Paul de Wisques, sous la direction du bénédictin. Il profite de son séjour en Europe pour visiter les œuvres de son maître : Eindhoven, Audincourt et plusieurs autres. Dom Bellot appréciait beaucoup ce nouveau disciple. Voici en quels termes il en parle à son ami Henri Charlier : «... Comme vous le savez, j'ai ici un Canadien français de 27 ans; c'est un type intéressant qui est enchanté de travailler avec nous... il est bien élevé, réfléchit beaucoup et pourra, je l'espère, bien faire. »[3]

Membre de l'Association des architectes de la province de Québec en 1933, Courchesne, après avoir fait du dessin commercial pendant trois ans, travaille de 1936 à 1938 pour le ministère des Travaux publics à Ottawa, dans le secteur de l'architecture. Il fait ensuite un stage de huit ans à Radio-Canada comme architecte-acousticien où il dirige la construction de plusieurs studios de radio. Revenu à la pratique privée de l'architecture en 1946, avec bureau à Montréal et à Rimouski, il construit plusieurs édifices religieux.

# Les débuts (1933-1948)

## La crypte du Séminaire Saint-Charles-Borromée

Après la grande crise, Courchesne n'avait rien d'autre à bâtir, en 1933, que la crypte du Séminaire Saint-Charles-Borromée à Sherbrooke, en remplacement d'une crypte temporaire. Il exécuta ce travail avec la collaboration de

---

[3] Dom BELLOT, *Propos d'un bâtisseur du bon Dieu*, p. 19.

l'architecte Aimé Poulin qui, le premier, avait élaboré les plans de la crypte et mis les travaux en marche. Les débuts furent difficiles car on dut creuser le sol et chasser l'humidité, mais l'expérience de Poulin eut raison de ces difficultés.

Selon les principes de Dom Bellot, Courchesne chercha à faire une petite chapelle pour les prêtres défunts [130]. Pour la décoration, il imagina des jeux de briques qui permettent des formes fantaisistes et des harmonies de couleur. La couleur, pense Courchesne, complète la forme pour autant que l'esprit lui fasse exprimer les lignes architecturales. Ainsi une bande décorative qui encercle divers éléments, au lieu d'être sculptée, sera colorée. Afin de traduire l'esprit, c'est-à-dire le « vivere » des catacombes, Courchesne évite d'employer uniquement le noir ou des couleurs trop vives. Dans la gamme choisie, il y aura des pourpres, des bleus, des noirs et quelques points jaunes. De plus, les briques seront cernées d'un joint coloré de façon à compléter le dessin. Les noirs seront adoucis par des verts.

Dans le premier projet de Courchesne, la porte d'entrée de la crypte se composait d'une ligne courbe pour le sommet et de lignes droites pour la grille en fer forgé [131]. La juxtaposition de ces deux formes étant peu harmonieuse, l'architecte modifia son tracé, à la suggestion de Dom Bellot, et il aboutit plutôt à un arc aigu [132]. Sur le mur de gauche, les trente-six tombeaux sont disposés en gradins [133, 134], tandis que sur le mur de droite s'appuie l'autel fait de pierre et de brique, derrière lequel se trouve un crucifix de granit que l'architecte Poulin fit sculpter, sur un fond de brique rouge, jaune et de mosaïque dorée [135]. Au centre de la pièce, Courchesne dut percer un mur de fondation dont il tire un parti pittoresque à l'aide d'un arc rampant [136]. Cette courbe ascendante vient rompre la monotonie des lignes droites et donne plus de mouvement à l'ensemble. Au support de l'arc, contre le mur, est accrochée une lanterne de fer forgé. Sur le mur du fond, une verrière bleue, rouge, jaune et décorée d'un motif géométrique symbolisant la Résurrection, tamise la lumière de la crypte grâce à un appareil spécial qui remplace la lumière solaire. Le carrelage de couleurs riches et vivantes est fait de tuile céramique, tandis que le plafond pourpre est bordé d'une bande jaune.

À part l'emploi de la brique et de la couleur, les proportions de cette crypte et les dimensions de chaque élément, tels que l'autel et la verrière, ont été étudiées de façon particulière. Le 23 octobre 1932, Dom Bellot exprimait ainsi à Courchesne son opinion sur cette œuvre : « Votre croquis est très bien, triangulé comme de juste. Je vais le garder afin d'avoir quelque chose de tout prêt dans ce domaine encore inexploré. Certainement on pourrait faire de cette maison, la dernière, une œuvre d'art. »

## L'abbaye Sainte-Marie des Deux-Montagnes

La seconde œuvre dom-bellotiste de Courchesne sera l'abbaye Sainte-Marie des Deux-Montagnes, premier monastère des moniales bénédictines au Canada [137, 138]. Il s'agit ici d'un programme dont les travaux furent exécutés en trois phases, en 1936, en 1946 et en 1956. En 1936, on construisit l'aile gauche du bâtiment, ainsi que la tour surmontée du clocheton qui abrite l'escalier principal et marque nettement le centre du cloître. En 1946, Courchesne ajoute l'aile droite. Les avant-corps de chaque côté de la tour indiquent les endroits où l'architecte avait l'intention de construire d'autres ailes de façon à fermer le cloître, comme le veut la tradition. En 1956, le monastère s'étend encore : on édifie la chapelle, l'hôtellerie et l'on porte le nombre des cellules à quatre-vingts. Les moyens financiers étant limités, le plan conçu au départ par Courchesne ne fut pas exécuté intégralement. C'est pourquoi le cloître ne forme pas un quadrilatère, mais une seule galerie parallèle au corps principal du bâtiment.

Il y a quand même une unité de style, et la façade est bien équilibrée. Les lignes sont simples, variées, les baies bien disposées et étudiées suivant la destination des locaux qu'elles éclairent. C'est ainsi que la série de fenêtres

géminées et coiffées d'un arc en mitre au niveau du
rez-de-chaussée éclairent directement la galerie du cloître.
L'extérieur de ce bâtiment est en brique d'un ton rosé, les
façades étant ornées de briques d'autres couleurs : noire,
rouge et jaune. La toiture inclinée est en bardeaux d'as
phalte de deux tons, noir et rouge.

Pour l'église abbatiale, Courchesne a appliqué d'heureuse façon les principes de son maître [139]. Le chœur
des religieuses, la nef perpendiculaire du public et le sanctuaire placé à l'intersection des deux nefs, pour permettre
d'isoler nettement les religieuses pendant les offices, sont
conçus comme de grandes salles sans bas-côtés, éclai-
rées par une succession de fenêtres placées assez haut.
L'ordonnance du plan s'exprime de façon claire et simple
en élévation. Intimement liés au plan par des proportions
de même famille, les volumes sont harmonieux. C'est ainsi
que la partie réservée aux quatre-vingts moniales sera plus
grande et par conséquent plus élevée que celle réservée au
public. Les arcs de béton de forme polygonale qui soutiennent la voûte reçoivent un tracé différent dans
chacune de ces nefs. Dans la nef des religieuses [139] les
segments obliques sont plus longs que le segment horizontal, tandis que dans la nef du public [140] les segments
obliques sont courts et le segment horizontal plus long. De
plus, Courchesne ne suit pas les plans obliques du plafond
pour dessiner l'arc polygonal de la nef du public mais trace
une ligne droite. Il en résulte une variété de formes à
l'intérieur d'une unité de matériau.

Car, outre le béton, la brique de ton chamois tapisse
les murs et le sanctuaire [141]. La frise qui longe toute
l'église abbatiale, les arcs en mitre qui coiffent les fenêtres
ainsi que le pourtour des portes, sont ornés d'un motif
géométrique de couleur rouge, noire et jaune rappelant
ainsi la décoration extérieure. Au fond du sanctuaire, une
succession de redents articule l'arc qui encadre l'autel pour
produire un rythme particulier [142].

Site, édifice, proportions, couleurs, brique... tout
reflète bien l'esprit de Dom Bellot. Cette œuvre ne

s'inspire d'aucune construction européenne du maître. C'est une réalisation *sui generis* d'un disciple qui a bien assimilé la doctrine et qui travaille avec son tempérament propre.

## Les églises de Saint-Épiphane et de Sainte-Blandine

Courchesne — il faut le noter — ne commença à construire des églises au Québec qu'après la mort de Dom Bellot. Ses deux premières églises, Saint- Épiphane [143] et Sainte-Blandine [144], sont des reconstructions de vieilles églises rurales qui avaient été incendiées. Les murs de pierre ont été préservés, réparés et réutilisés. L'extérieur de ces deux églises restitue assez fidèlement leur apparence première, sauf que l'appareil entier du toit, à l'instar des églises de Dom Bellot, est décoré de motifs géométriques issus de l'agencement de tuiles de différentes couleurs. Certaines ouvertures du chœur et des façades latérales reçoivent une forme différente et particulière aux constructions du maître, c'est-à-dire qu'elles se terminent par un arc en mitre. Tous les meneaux des baies sont modifiés. Pas de courbe, seule la droite suffit au dessin, ce qui est plus conforme à l'esprit du dom-bellotisme.

Sur le plan du réaménagement intérieur, ces deux églises [145, 146] offrent les particularités suivantes : nef sans bas-côtés, chœur à pans coupés et utilisation du béton et du fer, matériaux nouveaux et économiques qui commandaient de nouvelles formes. C'est pourquoi nous voyons des arcs de béton de formes paraboliques qui portent la voûte, également en béton armé, et la toiture dont la charpente est en métal. Courchesne utilise la brique pour le revêtement de la base des murs.

On ne peut toutefois pas dire que le choix des matériaux employés, la couleur et les formes réussissent vraiment à créer l'atmosphère propre aux églises de style dom-bellotiste. Car ces éléments ne suffisent pas, ils ne sont que des compléments. Les proportions, les effets de lumière et le décor plus que les formes elles-mêmes, avons-nous dit, font le mérite de l'œuvre de Dom Bellot et ces caractéristiques malheureusement n'existent pas à Saint-Épiphane et à Sainte-Blandine.

# L'œuvre maîtresse (1948-1953)

## *L'église Sainte-Madeleine-Sophie à Montréal*

Cette église mérite une attention spéciale : c'est la première entièrement bâtie par Courchesne. Bien plus, elle concrétise dans sa conception l'influence de Dom Bellot sur l'architecture de nos églises paroissiales. L'architecte a largement bénéficié de l'expérience qu'il a acquise dans la reconstruction des deux églises de Saint-Épiphane et de Sainte-Blandine. Pour cette église, il s'inspirera beaucoup de l'Immaculée-Conception d'Audincourt, qui est pour lui « une des créations les plus hardies et originales qui soient »[4].

Dans une lettre adressée à Courchesne le 28 octobre 1933, Dom Bellot lui définit la marche à suivre pour bâtir une église :

> Il faut d'abord voir quel volume de « people » vous avez à caser, calculer, avec les matériaux qui sont mis à votre disposition, la largeur de nef maxima que vous pouvez franchir et calculer la longueur en conséquence. Fermez vos bouqins, cachez les photos et cassez-vous la tête devant votre planche tournant et retournant le problème. Actuellement une église courte et large est pratique. C'est un peu le cas d'Audincourt.

Parlons d'abord du plan car tout dépend de lui [147]. Cet espace très dégagé n'a d'autre ponctuation que la répartition rationnelle des points d'appui du squelette. Accusant nettement la disposition traditionnelle en croix latine, il comprend un porche ouvert par trois arcades, flanqué à droite d'une tour qui abrite un escalier en ser-

---

[4] Edgar COURCHESNE, « Une œuvre d'architecture ».

pentin donnant accès à la tribune, et à gauche du baptistère. La longueur de la nef à trois travées est égale à la
largeur du transept, soit environ 18 mètres. Un chœur à
sept pans coupés et un déambulatoire terminent le plan.
De part et d'autre du chœur se répartissent les deux sacristies et la serre. Il n'y a pas de bas-côtés proprement dits
mais simplement des piliers légèrement distants des murs
laissant un passage de service. Ainsi Courchesne adopte le
parti de Dom Bellot de remplacer les bas-côtés par de
simples allées de circulation ménagées entre le mur
extérieur et la base des contreforts. Le vaisseau de l'église
reste libre et l'autel nettement visible de partout. Ce
dégagement central présente une certaine analogie avec
les premières basiliques chrétiennes.

Alors se posait le problème de constituer la charpente [148]. La solution préconisée par Courchesne, à
l'instar de Dom Bellot pour l'église d'Audincourt, paraît
pleine de bon sens et satisfaisante sous tous rapports. Les
formes, d'une belle facture architecturale, résultent de
l'organisation des surfaces intérieures selon une logique
très ferme, basée sur les exigences de la plus stricte
économie et de l'emploi sincère du matériau, le béton
armé. Le moins coûteux, et en somme le plus naturel, sera
de les agencer en éléments rectilignes, générateurs de
formes concassées où l'angle règnera au lieu de la courbe.
Ces arcs de béton sont donc décomposés en lignes droites
mais en harmonie avec la courbe elliptique à cinq points
destinés à réduire la poussée et à fournir une structure
plus puissante. Des arcs longitudinaux [149] de même
style que les arcs doubleaux séparent la nef des bas-côtés.
La voûte de la nef est également constituée de segments
droits, tandis que la voûte du chœur se termine en cul-de-
four à pans coupés [150]. Cette voûte retient l'attention
par les effets obtenus et la façon dont les arcs ont été
équilibrés. Le quart de sphère est porté par des demi-arcs
rayonnants — non-apparents — autour d'un point
d'attache commun et reposant directement à la base sur le
béton de fondation. Ces demi-arcs portent la voûte et la
couverture. Les trompes de la croisée du transept, conçues

pour le béton, affectent la forme d'un cône renversé à quatre facettes [151]. Le béton reste apparent partout et, tout en donnant la forme intérieure de l'édifice, il contribue à sa beauté. De formes harmonieuses, le vaisseau de Sainte-Madeleine-Sophie, tout comme celui d'Audincourt d'ailleurs, réussit à éviter la sécheresse, bien qu'il ne comprenne aucune ligne courbe.

Courchesne revêt les murs intérieurs d'un appareil de brique. Il utilise également ces briques pour former des figures géométriques le long de la frise et rehausser la décoration intérieure. Les divers décors — hâtons-nous de le dire — suivant les principes appliqués ici, servent uniquement à accentuer la construction. Toute cette décoration ne peut être séparée de l'édifice et on peut dire qu'à aucun endroit elle choque le regard. Quant à la coloration, Courchesne emploie, pour la partie supérieure, une seule tonalité très agréable à l'œil, le beige. La base des murs est recouverte de briques d'un beige plus soutenu, avec des joints verts qui reflètent leur couleur sur les briques elles-mêmes. Les motifs géométriques de la frise sont en blanc et brun, tandis que le béton de la voûte est recouvert d'un ciment de couleur beige rehaussé de lignes vertes qui soulignent les formes.

Dans les baies qui éclairent la nef comme dans celles du chœur, les angles et les lignes droites prédominent, les formes demeurant ainsi apparentées à l'esprit de la construction même. Pour les grandes verrières des bras du transept et celle de la façade, Courchesne adopte le même dessin géométrique, mais il l'amplifie puisque les fenêtres sont en triplet. Les proportions qui ont engendré l'édifice régissent le dessin de toutes les ouvertures et donnent une grande harmonie.

La lumière, cet élément subtil le moins facile à maîtriser et le dernier obtenu dans l'ordre d'exécution, n'est pas laissée au hasard. Courchesne l'a de plus en plus tamisée à mesure que l'on s'éloigne du sanctuaire. L'allée éloigne ainsi les sources lumineuses et contribue à faire du vaisseau un élément de protection contre la lumière trop directe. Les vitraux teintés de vert ont aussi une part importante dans la décoration. D'un seul mouvement, que soutient l'opposition doucement ménagée entre l'éclairage de la nef et celui du sanctuaire, les lignes et les surfaces conduisent le regard vers l'autel. Le chœur est, comme il convient, la pièce principale qui fixe le grand rythme de l'édifice.

Le passage de circulation, aménagé de part et d'autre de la nef, se prolonge autour du chœur pour former le déambulatoire. Ce dernier ressemble à une galerie de cloître [150] dont les arcades s'ouvrent sur le chœur. Construit principalement en brique, il est composé de sept pans coupés. Chaque pan est encadré d'un arc de béton de même conception architecturale que ceux de la nef. Une innovation dans le style liturgique au Canada, rappelant certaines coutumes espagnoles, flamandes et germaniques, consistera à suspendre à l'arche du sanctuaire un immense crucifix tourné vers les fidèles.

Notons ici que Courchesne, expert en acoustique, a soigneusement choisi ses matériaux, notamment des tuiles caoutchoutées et d'asphalte, pour qu'une acoustique aussi parfaite que possible règne dans l'église.

L'extérieur du bâtiment rappelle très clairement la ligne d'un vaisseau à nef unique [152]. La façade est très simple : un seul pignon et non deux comme à Audincourt [153]. Le seuil annonce les formes à pans de l'intérieur. L'entrée se fait donc par trois arcades traitées comme le reste de l'église, avec des arcs polygonaux. Au-dessus, une fenêtre en triplet, surmontée de motifs géométriques, anime la surface du mur.

L'implantation d'une tour [154] hors de l'axe de la façade a permis de surmonter le porche d'une vaste tribune. En relief sur la façade, cette tour est d'une robustesse heureusement tempérée à l'étage des cloches par la partie ajourée qui contraste avec la pyramide qui la couronne. De forme carrée, elle est également d'une seule venue avec des saillies aux angles et quelques ouvertures. L'utilisation de deux types de pierres différentes anime la masse en une variété de plans. À gauche de l'entrée de l'église et légèrement en retrait, un simple clocheton moins haut que le bâtiment fait contrepoids au clocher. Les trois travées des façades latérales [155] ainsi que celle du transept sont soulignées par les lucarnes qui ajoutent beaucoup de pittoresque à la silhouette de l'église.

La toiture de la nef est presque tangente au profil extérieur des arcs et la couverture de tuiles rouges est décorée au niveau du faîte d'un élégant motif géométrique de couleur verte et noire qui répète le profil des arcs en mitre. Les sacristies et le déambulatoire ne montant qu'à une faible hauteur, sont couverts en terrasse pour ne pas alourdir la silhouette et dégager complètement la masse essentielle du bâtiment.

L'équilibre des masses, surtout au chevet [156], semble avoir été particulièrement recherché. Massif et puissant, tel est l'aspect général de ce bâtiment. Sans aucun doute, la maçonnerie utilisée pour le revêtement, de la pierre à chaux de Deschambault, contribue à accroître cet effet. Une pierre différente orne le pourtour des portails, des fenêtres et de la bordure qui longe le bâtiment. Maximum d'effet et d'économie, c'est dans toutes les parties de l'œuvre la consigne à laquelle l'architecte a obéi.

## L'église Saint-Benoît de Granby

Courchesne, avec la collaboration de Dom Côté, construit ici sa première église entièrement en brique [157]. Ce n'est la réplique d'aucune église européenne de Dom Bellot en particulier, les deux architectes québécois s'étant inspirés à la fois de Noordhoek en Hollande, de Notre-Dame-des-Trévois en France et même de l'intérieur de l'église de Bolsward de l'architecte Van de Leur, disciple hollandais de Dom Bellot. La parenté réside surtout à l'intérieur du bâtiment, dans le système de proportions employé ainsi que dans la forme de certains éléments. Courchesne et Dom Côté ont quand même su donner un caractère personnel à cette église, en fonction du climat, des conditions économiques et des matériaux du pays.

Ce bâtiment est essentiellement une masse unifiée qui tire son unité de l'organisation interne et plus précisément du plan. Courchesne et Dom Côté, fidèles à la méthode de leur maître, voient d'abord les grandes lignes en plan, les proportionnent selon le système géométrique défini puis, suivant le même rythme, composent les volumes intérieurs dont l'extérieur n'est que la rigoureuse expression. Les dimensions de Saint-Benoît de Granby sont assez impressionnantes, mais l'échelle est bien gardée. D'une composition claire et rationnelle, le plan conserve l'axe longitudinal qui se trouve accentué par l'absence de transept. En effet, on a cherché dans ce vaisseau à donner le plus d'espace aux fidèles. C'est pourquoi la nef est très profonde et très large. De plus, elle répond parfaitement à l'exigence liturgique voulant que tous les fidèles puissent voir l'autel. Pour cela, les bas-côtés sont réduits au minimum. Ils ne sont au fond que les contreforts des arcs dont la base est percée afin de permettre la circulation. Il faut remarquer l'enfilade de ces bas-côtés qui offre une belle perspective [158], les ouvertures sveltes et élancées dans les murailles, si logiques et en même temps si harmonieuses. Les préceptes de Dom Bellot sont également suivis dans l'ordonnance du plan et la direction des lignes, afin de donner au sanctuaire de plan carré sa place primordiale.

Tout comme à Noordhœk et à Notre-Dame-des-Trévois, l'église Saint-Benoît de Granby est composée d'une suite de murs parallèles percés dans leur milieu d'un grand arc de forme parabolique [159] et de chaque côté d'un passage pour les collatéraux. Ces arcs commencent en tas de charge en quittant le pilier, au niveau de l'ouverture des bas-côtés, et sont reliés entre eux par des pannes. Par contre, pour toutes les petites portées de briques, comme celles des arcs longitudinaux [160], des ouvertures des passages latéraux, des baies et des portes, ce n'est pas l'arc clavé qui est employé mais l'arc en mitre. Il s'agit d'arcades surmontées de triangles où les briques, posées en encorbellement, se décrochent d'une assise à l'autre. C'est là un des procédés caractéristiques de Dom

Bellot. De plus, le départ de ces arcs longitudinaux a été traité en tas de charge, avec le même angle que celui des arcs de forme parabolique de la nef. Nous retrouvons cette même solution dans l'église de Bolsward de Van de Leur.

La parure de Saint-Benoît de Granby n'est que l'expression de sa structure. Courchesne et Dom Côté emploient des briques colorées qu'ils utilisent avec beaucoup d'ingéniosité, tantôt pour souligner les formes architecturales, tantôt pour leur faire jouer le rôle de la sculpture. Dans cette église, la décoration est réservée aux arcs qui soutiennent l'édifice plutôt qu'aux murs. Les arêtes, en effet, sont ornées d'un motif géométrique de couleur blanche, rousse et brune. « Ce n'est pas tout de poser la couleur, affirme Courchesne, il faut que l'esprit l'ordonne de façon à exprimer une idée. S'il s'agit d'une bande décorative, soit à l'extérieur, soit à l'intérieur d'une église, cette bande règnera tout autour du bâtiment pour encercler, lier l'ensemble. »[5] C'est ainsi qu'à Saint-Benoît de Granby, une frise longe les murs latéraux, ceux du chœur et du revers de la façade. Les motifs en brique, tenant lieu de chapiteau d'où les arcs s'élancent, se retrouvent aussi à Noordhoek. Pour ces motifs colorés, les architectes s'abstiennent d'employer de la brique moulurée; ils n'usent que de la brique pure et simple avec des formats et des tons différents. Ainsi réalisent-ils un décor non pas ajouté à l'édifice, mais qui relève de la construction même.

Dans le chœur, la lumière est filtrée par des claustras [161], ce qui permet de combiner toutes sortes d'effets à travers cette double paroi, tandis que la nef est éclairée plus directement par de grandes baies qui sont elles-mêmes des éléments décoratifs importants. Les deux ouvertures situées de part et d'autre de la tribune [162] héritent du même motif que le fenestrage en brique de la façade postérieure du monastère Les Tourelles à Montpellier.

Les murs extérieurs, en pierre, sont assez élevés tout comme dans nos églises rurales du siècle dernier. Par con-

---

[5] *Ibid.*

tre, le clocher ne domine pas la façade principale mais est rejeté à l'arrière [157]. Malgré ce rappel des silhouettes traditionnelles, Saint-Benoît de Granby présente une originalité qui n'a pas été recherchée mais qui a été trouvée tout naturellement par une meilleure compréhension du programme dans le sens de l'économie des moyens, dans un choix judicieux des matériaux et des méthodes de construction. On note, en effet, un sens plastique très subtil dans l'équilibre des masses, dans le traitement des surfaces et des volumes. Un haut perron de pierre, deux tours carrées, un porche rectangulaire en saillie de même que les lucarnes des façades latérales animent l'extérieur de l'édifice. Ces saillies latérales sont un moyen ingénieux de maintenir la poussée des arcs à peu de frais. Le porche principal de même que les entrées latérales sont fermés [163, 164], ce qui dans un pays à climat rigoureux est bien pratique. Pour la maçonnerie, du granit de Deschambault, en blocs massifs, grossièrement équarris avec des joints très apparents, mais pour le linteau des fenêtres et le tympan des portes, une pierre taillée et de couleur foncée. La pente du toit est assez prononcée pour faciliter l'écoulement de la pluie et de la neige. En façade, la pente de la toiture du porche est différente de celle de la nef, ce qui dégage une impression d'harmonie plus grande en perspective. Dufresne — on l'a vu — utilisa également ce procédé à Sainte-Thérèse de Beauport, tout comme le fit Dom Bellot à Eindhoven, à Audincourt et à Suresnes. L'alternance du rythme binaire et tertiaire des ouvertures crée une grande harmonie des pleins et des vides.

Avec sa masse de pierre, cette église d'allure fière et pittoresque produit un effet de force, de robustesse et de puissance. Elle est aussi séduisante par sa simplicité et toute vivante dans ses lignes et son coloris. C'est une œuvre qui d'elle-même et sans faux-semblants atteint la beauté. Très logique, Saint-Benoît de Granby est l'œuvre de Courchesne et de Dom Côté qui demeure la plus près du dom-bellotisme et de l'utilisation logique du matériau. Tant il est vrai que la brique sert mieux le style que le béton.

# La dernière étape (1953–1959)

## Les églises de l'Est du Québec

Sur la Côte Nord, dans le diocèse de Rimouski et dans le comté de Bonaventure, plusieurs autres œuvres témoignent de la grande activité de Courchesne et, du même coup, de l'expansion du style Dom Bellot un peu partout au Québec. De 1953 à 1957, Courchesne construit les églises Saint-Luc de Forestville, Notre-Dame de Betsiamites, Sainte-Félicité et Sainte-Agnès de Rimouski.

De ces quatre églises, Saint-Luc de Forestville [165] est sans aucun doute celle qui, de l'extérieur, présente le plus de caractéristiques du style Dom Bellot. On observe sur la toiture une certaine recherche décorative qui s'exprime en un dessin géométrique, identique à celui de l'église de Saint-Épiphane, unissant des tuiles de couleur rouge et verte. La forme des ouvertures (portes, fenêtres et abat-son), en arc de mitre, contribue à accroître cet air de famille. L'arc colossal [166] qui décore la façade, avec sa pierre disposée en tas de charge, relève du vocabulaire formel de Dom Bellot. Courchesne s'est quand même efforcé de donner à cette église villageoise un aspect de simplicité. Elle est relativement basse à cause de la proximité d'un aéroport, mais la masse demeure équilibrée.

À Betsiamites, Courchesne bâtit, pour la réserve indienne des Montagnais, l'église Notre-Dame [167, 168] qui, sauf dans les motifs décoratifs de la toiture, ne s'inspire en rien du dom-bellotisme. On peut en dire autant de l'église Sainte-Félicité dans le comté de Matane [169], où la forme des baies en arc de mitre est seule à rappeler le style du maître. À Sainte-Agnès de Rimouski [170], c'est déjà un nouveau type d'église où prédomine l'esthétique moderne.

On a l'impression que Courchesne a utilisé le même plan, à quelques détails près, pour les églises Saint-Luc et Sainte-Félicité, comme pour les églises Notre-Dame de

Betsiamites et Sainte-Agnès de Rimouski, celle-ci étant
cependant plus grande. Les fermes dont les entraits sont
horizontaux s'appuient sur des arcs de béton. À Saint-Luc
[171] et à Sainte-Félicité [172], Courchesne innove en
traçant deux formes différentes pour chacun des arcs. La
partie supportant directement la voûte est de forme
polygonale tandis que la partie opposée prend la forme
d'un arc brisé. Une enfilade d'arcs polygonaux très
graciles structure et rythme Notre-Dame [173] et Sainte-
Agnès [174]. Ici les formes deviennent très simplifiées,
elles affirment la logique de la mise en œuvre du matériau mais il s'en dégage incontestablement une grande
sécheresse.

Dans ces églises, comme dans toutes les œuvres de
Courchesne dont l'ossature générale est en béton armé, on
retrouve une constante dans la façon de voûter le chœur
et l'abside. Courchesne adopte la solution d'Audincourt,
d'abord à Sainte-Madeleine-Sophie d'une manière plus
élaborée, puis dans les quatres autres églises de l'Est du
Québec d'une manière plus simple. Le mur de brique,
terminé par une frise à la hauteur des fenêtres, est utilisé
pour la dernière fois à Saint-Luc. Par contre, la polychromie est présente dans chacune de ces églises et constitue presque le seul élément décoratif, mais elle n'est
malheureusement pas toujours de bon goût. Courchesne
nous a lui-même avoué, en janvier 1974, que le triangle
régulateur lui a servi à trouver les proportions de tous ses
édifices. Quoi qu'il en soit, si ces dernières églises conser-
vent des éléments du style Dom Bellot, il n'en reste pas
moins que l'esprit et le charme chaleureux en sont tout à
fait absents.

Dans l'architecture religieuse de Courchesne, deux caractéristiques dominent et déterminent son esthétique :

1) usage prépondérant du béton pour l'intérieur; 2) malgré cela, fidélité à Dom Bellot qui s'était, lui, servi de la
brique dans la plupart de ses œuvres. Notons cependant
que l'œuvre principale de Dom Bellot, dont Courchesne
s'inspirera pour le plus grand nombre de ses églises, est
l'Immaculée-Conception d'Audincourt qui, avec l'église de
Suresnes, sont les seules que Dom Bellot ait faites en béton.
Il importe aussi de souligner que la seule église en brique
de Courchesne, Saint-Benoît de Granby, est en tous points
fidèle aux règles du dom-bellotisme.

   « Comme je l'ai fait à Sherbrooke, je ferme mes bou-
quins et je retiens les principes. Dans ma composition, je
veux être logique. Je construis d'abord et j'ornemente ensuite suivant les circonstances. J'essaie de traiter chaque
matériau suivant sa nature. » Cet extrait d'une lettre du
20 novembre 1933 de Courchesne à Dom Bellot est bien
explicite sur sa méthode qui apparaît d'ailleurs clairement
dans ses quatre meilleures réalisations : la crypte du
séminaire Saint-Charles-Borromée, l'abbaye Sainte-Marie
des Deux-Montagnes, les églises Sainte-Madeleine-Sophie
et Saint-Benoît de Granby. Elles montrent bien que les
formes adoptées ont été mises en œuvre par un architecte
au fait de leur genèse et travaillant conformément à la
doctrine exposée.

   Cette fidélité aux principes du maître de Wisques
n'a cependant pas empêché Courchesne d'innover et
d'enrichir ce style. On le voit, par exemple, à la grande
variété des formes utilisées pour les arcs de certaines
églises : Sainte-Marie des Deux-Montagnes, Saint-Luc de
Forestville et Sainte-Félicité. D'autre part, Courchesne
construit en béton des arcs de forme parabolique
(Sainte-Blandine et Saint-Épiphane), alors que Dom Bellot
voulait que la forme parabolique soit en brique et l'arc
polygonal en béton. Autre innovation : le déambulatoire
de l'église Sainte-Madeleine-Sophie ressemble à une galerie de cloître. Le caractère monastique n'est pas obtenu par des éléments surajoutés. C'est dans sa structure
même, dans ses proportions essentielles, que cette architecture demeure profondément religieuse et monasti-

que. Le clocher placé à l'arrière de l'église Saint-Benoît de Granby et les rampes d'accès aux églises Saint-Benoît et Saint-Luc de Forestville sont d'autres exemples de la liberté que prend parfois l'architecte à l'égard du style du maître. On peut dire enfin que Courchesne a enrichi le dom-bellotisme en l'appliquant à un nouveau type de construction : la crypte funéraire. Il a ainsi donné au dom-bellotisme des possibilités d'expression plus variées.

Courchesne a su aussi, à l'instar de Dufresne, adapter le dom-bellotisme au contexte québécois, en particulier pour ce qui est des matériaux extérieurs. Ainsi, nous savons que Dom Bellot n'utilisait pas la pierre pour ses églises européennes, mais principalement la brique. Courchesne, au contraire, sauf pour le monastère Sainte-Marie des Deux-Montagnes, fera appel à ce matériau typique des carrières locales : le granit et la pierre à chaux. Le climat du pays l'amène aussi à concevoir un porche couvert et à accentuer la pente du toit à Saint-Benoît de Granby, pour permettre un meilleur écoulement de la neige. Enfin, le perron de cette église est un élément caractéristique de nos églises de la fin du XIX$^e$ siècle et du début du XX$^e$ siècle. Courchesne intègre donc là le style Dom Bellot à une partie de la tradition québécoise.

On peut formuler cependant un certain nombre de critiques sur la façon dont Courchesne a pratiqué le dom-bellotisme. Chez le maître la couleur chevauche la forme, tandis que chez Courchesne elle la souligne en la délimitant. La polychromie de tons vifs appliquée à ses églises pour rehausser la décoration n'est pas toujours de bon goût. Quant à la lumière, cet autre élément artistique important du style Dom Bellot, il ne semble pas que Courchesne en ait réglé soigneusement le jeu, sauf dans la crypte du séminaire Saint-Charles-Borromée et les églises Sainte-Madeleine-Sophie et Saint-Benoît de Granby. Sa lumière est plutôt brutale.

Courchesne a à son actif plusieurs édifices religieux qui concrétisent, dans leur conception, le type économique de l'église paroissiale.

# DOM CLAUDE-MARIE CÔTÉ

Claude-Marie Côté est né à Québec en 1908. Diplômé de l'École des Beaux-Arts de Montréal en 1930, il travaille six mois, l'année suivante, chez l'architecte Adrien Dufresne afin de se familiariser avec la technique et les méthodes du dom-bellotisme, en particulier le système de la triangulation. L'œuvre architecturale de Dom Bellot le captive. En 1933, il entre à l'abbaye de Saint-Benoît-du-Lac où il sera ordonné prêtre en 1939. Lorsque Dom Bellot fut au Québec, Dom Côté travailla en étroite collaboration avec lui jusqu'à sa mort. En 1950 et 1951, il visite l'atelier de Dom Bellot à Wisques, ainsi que ses églises en France, en Angleterre et en Hollande. Il va jusque dans les pays arabes pour y retrouver certaines formes architecturales dont s'était inspiré Dom Bellot et pour y étudier également l'utilisation qu'on y faisait de la couleur. Enfin, en 1960, il fait un stage de six mois à Saint-Omer, chez Joseph Philippe, principal disciple français de Dom Bellot.

Sans avoir beaucoup produit, Dom Côté est tout de même un disciple majeur de Dom Bellot. Tout d'abord, à l'instar de Dufresne et de Courchesne, il a fait des séjours prolongés à Wisques. Il a, en outre, approfondi sa formation dom-bellotiste en collaborant avec Dufresne, et il applique une des règles de base du dom-bellotisme dans ses constructions, la triangulation. Enfin, Dom Côté a été un associé très intime de Dom Bellot dans l'édification de l'abbaye de Saint-Benoît-du-Lac, à laquelle il a apporté une contribution très personnelle. Le cloître de l'hôtellerie, l'hôtellerie, la crypte de la future église abbatiale et la Tour Saint-Benoît sont ses œuvres. En 1950, il collabora avec Courchesne à la construction de l'église Saint-Benoît de Granby et, en 1962, il construisit le nouveau monastère des Chanoinesses hospitalières de Saint-Augustin à Montmagny, avec Gérard Venne.

## L'abbaye de Saint-Benoît-du-Lac

L'hôtellerie de l'abbaye de Saint-Benoît-du-Lac fut construite de 1955 à 1962 [53]. Elle comprend d'abord la porterie et les parloirs au rez-de-chaussée, puis la salle des hôtes à l'étage supérieur. Vient ensuite l'hôtellerie proprement dite, c'est-à-dire les chambres réservées aux visiteurs, avec l'atelier d'arts graphiques au sous-sol. Un cloître, placé à gauche, longe cette partie pour aboutir à l'église abbatiale [122]. En 1958, on entreprit la crypte, mais les travaux demeurent encore inachevés.

Le cloître de l'hôtellerie [123] de Dom Côté diffère totalement de celui que fit Dom Bellot pour le monastère [57]. Une succession d'arcs en mitre reposent sur des encorbellements qui jouent le rôle de contreforts intérieurs. La logique est à la base de cette forme réalisée avec le matériau le plus économique, la brique. Les tas de charge créent une « vibration » avant le départ de l'arc. Construit en 1955, c'est-à-dire après le séjour de Dom Côté à Wisques, il n'est pas étonnant qu'il présente des formes inspirées du cloître qu'il avait vu là [33]. Il est vrai que le cloître de Wisques a une allure plus élancée, mais cela tient à sa hauteur qui est de sept mètres sous plafond. À Saint-Benoît-du-Lac, Dom Côté coupe le faîte de l'arc en mitre pour tracer une ligne droite qui épouse la forme horizontale du plafond. Ce segment devient dentelé au niveau de l'intrados. Les proportions et les formes sont étudiées de façon à donner une unité à l'ensemble du cloître. C'est ainsi que l'architecte adopte également l'arc en mitre pour les baies. Les couleurs se font très violentes. L'appareillage de brique rouge, brun tabac et noire avec des joints vert olive contraste avec la tonalité beige des murs. Le dessin et le choix du coloris du sol, fait de grès cérame dans une gamme de noir, blanc, gris, rouge et vert, forment une décoration qui n'a certainement pas le raffinement et la simplicité des œuvres de Dom Bellot.

En 1947, à l'occasion du quatorzième centenaire de la mort de saint-Benoît, on érigea la Tour Saint-Benoît [124] où devait être déposée une relique du fondateur. Dom Côté affirme qu'il s'est inspiré de l'église carolingienne de Germigny-des-Prés pour construire cette chapelle. De plan carré, avec un porche rectangulaire et trois absides à pans coupés sur chacun des côtés, la tour est construite dans le même esprit que le monastère. Les notions de plan, de structure et de masse sont unies dans l'organisation de ce petit bâtiment pour créer un volume équilibré. Comme il s'agit d'une petite portée, la forme architecturale employée est l'arc en mitre [125] pour soutenir les murs. L'usage exclusif, à l'intérieur, de la brique polychrome (beige, rouge et noire) avec des joints également colorés, la lumière créant une atmosphère de recueillement et le système de proportions qui régit les détails en même temps que l'ensemble, sont autant de caractéristiques du dom-bellotisme.

### Le monastère de Saint-Augustin à Montmagny

Ce monastère [126] est le troisième construit au Québec selon le style de Dom Bellot, après l'abbaye Sainte-Marie des Deux-Montagnes et le monastère de Saint-Benoît-du-Lac. À l'extérieur, de longues colonnes de briques donnent l'impression que les fenêtres font presque toute la hauteur du bâtiment. Les dessins, faits à partir de briques de différentes couleurs entre les étages des fenêtres et au-dessus de la porte, donnent un effet agréable. De plus, les fenêtres rectangulaires coiffées d'arc en mitre ainsi que les mansardes ajoutent de la grâce et de la finesse à l'aspect de l'édifice.

La construction de la chapelle s'élève sur deux des trois étages de l'aile gauche. Deux déambulatoires [127] entourent cette chapelle à la hauteur du premier et du second étage. Le style Dom Bellot y est très apparent avec les arcs en mitre, les montants en dents de scie et les arrangements de briques de couleur. Mais ici Dom Côté ne coupe pas l'angle aigu de l'arc en mitre, comme il l'avait fait à Saint-Benoît-du-Lac. La même forme d'arc se retrouve dans le mur qui ferme le chœur [128]. Cependant ce mur est percé de petites ouvertures destinées à laisser passer non la lumière du jour mais le son, les tuyaux d'orgue étant placés derrière. La structure de la chapelle est faite d'arcs polygonaux en béton [129]. La voûte est également en béton, tandis que la brique forme le revêtement des murs latéraux. Béton et brique se mêlent pour former une construction très économique.

Contrairement aux deux autres disciples qui s'inspirent surtout des principes du dom-bellotisme, Dom Côté retient et les principes et les formes du maître. Son adhésion est totale et il l'avoue sans ambages, le 19 février 1935, à Dom Bellot : « Maintenant il n'y a plus que votre architecture qui m'intéresse; cette composition au moyen de l'équerre lui donne une valeur incomparable. » C'est cette fidélité qui lui interdit une originalité propre.

# V

# Le rayonnement
# du dom-bellotisme
# au Québec

## Le dom-bellotisme mouvement artistique

ESSENTIELLEMENT, le mouvement dom-bellotiste au Québec est le fruit de l'action précise d'un homme. Certes, l'état des idées, l'évolution du goût, un ensemble de conditions socio-économiques, ont rendu possible l'émergence de ce mouvement, mais il est incontestable qu'il n'aurait pas connu une telle ampleur sans l'action déterminante d'un individu, le moine architecte français Dom Bellot. Sa présence au Québec, même pendant la dernière partie de sa vie, ses luttes pour se faire reconnaître dans le monde des architectes, témoignent de sa détermination et de son esprit missionnaire.

Dom Bellot a résolument cherché à exercer cette influence. Il l'a cherché d'une façon générale tout au long de sa carrière, car il se croyait porteur d'un nouveau message artistique. Mais il l'a voulu d'une façon toute particulière pour le Québec, pays hautement religieux en retard en matière d'architecture religieuse et propice à de nouvelles expériences et de nouvelles orientations. Pour Dom Bellot, le Québec devait être le point de départ d'une croisade plus vaste d'un renouveau de l'architecture religieuse en Amérique. Il le dit lui-même explicitement dans sa conférence du 8 mars 1940, à Montréal : « La lumière artistique en Amérique doit logiquement venir du Québec. » D'autres avaient perçu cette ambition missionnaire. Le Père Henri-Paul Bergeron, dans sa préface aux *Propos d'un bâtisseur du bon Dieu*, écrit par exemple : « Il nourrissait les plus belles espérances au sujet de la vocation artistique du Canada français. »

Le développement du dom-bellotisme au Québec ne tient donc pas qu'à un concours de circonstances. Le fondateur de cette doctrine a tenu à se comporter ici comme un maître à penser pour toute une génération d'architectes québécois. Pour lui, le renouveau de l'architecture était plus qu'une affaire de goût, c'était une véritable cause à laquelle il a voulu s'attacher.

Au Québec, le dom-bellotisme fut vraiment un mouvement artistique et non un phénomène épisodique attribuable à quelques individus isolés. C'est là le deuxième point qu'il convient de mettre en évidence. Un mouvement qui repose sur une doctrine cohérente et qui s'exprime dans une certaine durée par la formation d'un noyau de disciples travaillant en étroite communion avec le maître. À eux seuls, les trois disciples immédiats marqueront le paysage québécois d'œuvres nombreuses et importantes. Et autour de ce noyau central se développera tout un ensemble d'œuvres conçues par des architectes dont on ne peut dire qu'ils ont été des disciples au sens strict du terme, mais qu'on peut qualifier d'adeptes du dom-bellotisme à un titre ou à un autre. Le dom-bellotisme, enfin, a donné naissance ici à des débats publics et à une certaine littérature, et il appartient par là à l'histoire des idées au Québec.

## Les adeptes

Pour l'histoire de l'art, l'importance de ce mouvement doit d'abord se mesurer par les disciples qui s'en sont réclamés, puis par les adeptes secondaires qui s'en sont inspirés. Chez les disciples principaux, l'influence de Dom Bellot, s'est surtout exercée sur le plan des principes. Quelle importance et quelle forme cette influence a-t-elle prise chez les adeptes secondaires ?

Gaston GAGNIER, qui avait eu à refaire l'intérieur de l'église Saint-Jacques à Montréal, édifia dans le même style l'église de Saint-Lambert [175]. Contemporains, ces deux édifices présentent les mêmes particularités quant au mode de construction et au système d'équilibre. Cependant, à Saint-Lambert l'architecte varie légèrement la forme de l'arc polygonal. Celui-ci devient presque horizontal au sommet, au lieu d'être aigu, et il se termine par un décrochement subtil. En outre, Gagnier trace un arc de forme parabolique pour ouvrir et fermer le chœur et dessine des arcs en mitre pour les baies. Il utilise donc tout le vocabulaire formel du dom-bellotisme, mais il ignore le système de proportions qui régit les détails en même temps que l'ensemble. Ce sont de tels écarts qui arrachent à Dom Bellot des exclamations comme celle-ci : « Mais non, je ne veux même pas en être le père putatif. Voyez comment telle proportion est ratée. »[1]

J.-Eugène PERRON est l'auteur de trois constructions qui s'apparentent elles aussi au dom-bellotisme : la chapelle du Séminaire de Valleyfield, l'église paroissiale de Sainte-Anastasie de Lachute et le couvent de Sainte-Thérèse à Saint-Martin de Laval. À Valleyfield, outre la forme des baies, les briques colorées, utilisées avec beaucoup d'ingéniosité pour souligner les formes architecturales et donner au mur une grande qualité picturale, rappellent l'architecture du bénédictin. Par contre, ces chapelles non voûtées, mais couvertes d'un plafond orné de motifs décoratifs et soutenu par des poutres, s'éloignent du style [176]. Perron n'a donc emprunté à Dom Bellot que le matériau et l'ornement. C'est ce qu'il a également fait pour la chapelle du couvent Sainte-Thérèse [177]. Dans l'église Sainte-Anastasie de Lachute [178], on sent qu'il s'est davantage préoccupé de l'aspect structural. En plus d'une trop grande discordance entre leurs parties

---

[1] Dom BELLOT, *Propos d'un bâtisseur du bon Dieu*, préface d'Henri-Paul Bergeron, p. 10.

minces et épaisses, les arcs, où règnent l'angle et les formes concassées, présentent une certaine sécheresse. On dirait que l'architecte a voulu introduire dans le même bâtiment toutes les formes de Dom Bellot. La multiplicité des éléments utilisés, rosaces, triangles, dentelures en escalier, angles droits, enlève toute unité au bâtiment, contrairement à la logique et à la clarté préconisées par Dom Bellot. Il en est de même pour la décoration absolument gratuite des voûtes.

Les architectes Lucien PARENT et René-Rodolphe TOURVILLE, associés à Dom Bellot pour la construction de la basilique Saint-Joseph du Mont-Royal, conçurent l'église Saint-Jean-Berchmans à Montréal en s'inspirant de l'esthétique du moine architecte [179]. C'est le principe constructif qui régit d'abord l'œuvre, avec le souci d'utiliser formes et lignes pour marquer la place éminente de l'autel et y conduire le regard. L'ossature est formée de grands arcs de béton de forme parabolique qui s'encastrent dans les murs latéraux pour reposer sur des piliers rectangulaires. Contrairement aux églises du maître, elle n'a pas d'arcs longitudinaux. Les fenêtres hautes éclairent directement la nef tandis que le passage de circulation placé de chaque côté de la nef se situe à l'extérieur du vaisseau proprement dit. Cette partie est couverte en terrasse de façon à laisser régner la silhouette de la partie principale de l'église [180]. La parenté avec les œuvres du maître se retrouve dans les formes, la couleur et la lumière. Tout comme Dom Bellot, Parent et Tourville ont employé la couleur (du rose, du vert et du beige) et la lumière (tamisée par des vitraux jaunes et blancs) pour éclairer la forme.

L'œuvre la plus marquante, parmi ces adeptes secondaires, est celle de Léonce DESGAGNÉ qui a suivi à la lettre les principes de franchise et de logique enseignés par Dom Bellot. Initié à l'architecture religieuse de style dom-bellotiste de 1932 à 1935 par Adrien Dufresne, Desgagné est l'auteur de la chapelle de l'Hôtel-Dieu Saint-Vallier de Chicoutimi et de l'église Sainte-Thérèse d'Avila à Dolbeau.

La construction de la chapelle [181] et du cloître de
l'Hôtel-Dieu Saint-Vallier posait plusieurs difficultés à
l'architecte : « D'abord, le budget limité imposait l'emploi
de matériaux humbles, encore que solides et incombusti-
bles. Ensuite, le caractère religieux et monastique de
l'édifice exigeait dans la mise en œuvre de ces matériaux
une simplicité absolue et un profond respect de la
vérité. »[2] C'est pourquoi toute cette composition s'appuie
sur l'exploitation intégrale de trois matériaux de structure : la brique pour le revêtement des murs, le béton
pour la charpente et la tuile d'asphalte pour les parquets.
Bien que l'influence de Dom Bellot soit manifeste dans
cette chapelle, il reste que Desgagné a su garder son
originalité et tirer des mêmes principes des conclusions
différentes et des formes neuves. On le constate dans la
charpente de la nef. De grosses colonnes triangulaires
rythment les travées et soutiennent la voûte de béton. Les
arcs polygonaux sont présents au niveau du sanctuaire
seulement. La brique des murs de teintes diverses et
soulignée par des joints de couleur donne lieu à de nombreux arrangements décoratifs [182]. La voûte très haute
est ornée de motifs géométriques — véritables alvéoles de
béton — qui forment un immense baldaquin. Cette forme
ne s'inspire d'aucune construction de Dom Bellot : c'est
une innovation de Desgagné. Par contre, l'emploi géné-
ralisé de la couleur, au moyen de verres colorés dans les
fenêtres et d'une couche de peinture sur le béton, est une
mise en pratique des conseils du maître qui lui écrivait le
24 juin 1934 : « Allez doucement dans la campagne voir
les harmonies incomparables de couleurs des plantes,
étudiez leurs formes et pensez-y. Jamais vous ne réflé-
chirez assez. » Selon Desgagné lui-même, tout ce qu'il
peut y avoir de beau à l'Hôtel-Dieu Saint-Vallier est le fruit
des principes du bénédictin, de ses enseignements et de
l'étude de ses œuvres. Cependant, cet architecte n'a pas
suivi le système de triangulation ou des proportions, fondamental pour Dom Bellot. Il a également éliminé le vo-

---

[2] Léonce DESGAGNÉ, « L'architecture des nouvelles annexes : la chapelle et le
cloître », *Hôtel-Dieu Saint-Vallier*, p. 87.

cabulaire exact et conservé l'usage de la brique et de la polychromie.

Dans l'église Sainte-Thérèse d'Avila [183] seuls le matériau et la couleur rappellent l'architecture de Dom Bellot. Mais ces caractères secondaires ne font point le style. La forme des contreforts de béton qui contrebalancent la poussée de la voûte et la décoration de celle-ci au moyen de motifs géométriques ne doivent rien au style du maître. Desgagné note que Dom Bellot « a toujours refusé même de reviser mes dessins, voulant avoir, disait-il, des disciples et non des copistes. »[3]

Une autre œuvre indiscutablement de style Dom Bellot est la chapelle de l'hôpital Saint-Julien, à Saint-Ferdinand (comté de Mégantic), de l'architecte Jean Berchmans GAGNON [184]. Le plan de cette chapelle n'a pas la disposition traditionnelle en croix latine; l'ordonnance consiste en deux nefs perpendiculaires reliées par le sanctuaire. Ainsi, de partout l'autel est visible aux fidèles, idée principale de la conception architecturale de Dom Bellot. Saint-Julien présente une synthèse de l'architecture de brique et de béton du maître. C'est encore la structure et les formes de l'église d'Audincourt qui inspireront l'intérieur où la voûte de béton est soutenue par des arcs polygonaux d'une belle facture architecturale. Par contre, le sanctuaire de plan carré [185] est délimité par trois murs arqués, comme à l'abbaye de Quarr, et même ajourés du côté de la nef réservée aux malades. Les murs intérieurs sont revêtus de briques qui constituent un élément important de la décoration. Mais celle-ci n'est pas dans l'esprit du dom-bellotisme. Elle ne fait pas corps avec la structure, c'est un élément surajouté. Ceci devient particulièrement évident lorsqu'on regarde le mur qui ferme le chœur. Jean Berchmans Gagnon a su utiliser les divers éléments du style dom-bellotiste sans avoir recours au système de triangulation.

---

[3] *Ibid.*, p. 89.

Selon une lettre du 7 janvier 1974 de Joseph Armand DUTRISAC, auteur des églises Notre-Dame-Auxiliatrice à Verdun (avec Siméon BRAIS), Notre-Dame-de-la-Garde également à Verdun, et Saint-Philippe Apôtre (avec André MARIEN), ces œuvres seraient de style Dom Bellot. Dutrisac aurait retenu ce style « parce qu'il était de formes simples et qu'il se mariait au style moderne du temps », mais il préféra en emprunter les lignes plutôt que les matériaux. « J'ai gardé la forme des arches, ajoute-t-il, tout en éliminant l'usage de la brique. » On voit ainsi l'arc parabolique en béton structurer l'église Notre-Dame-Auxiliatrice [186], et des arcs polygonaux à Notre-Dame-de-la-Garde [187] et à Saint-Philippe Apôtre. Les formes à segments pointus pour les arcs et les ouvertures, de même que l'espace intérieur entièrement dégagé, sont donc les seules traces que ces édifices révèlent de l'influence de Dom Bellot.

Plusieurs autres églises ne retiendront que l'aspect structural et les lignes des arcs : Sainte-Brigitte de Laval [188, 189], dont la façade latérale est inspirée de sa voisine Sainte-Thérèse de Beauport, Saint-Joseph de Hull (1952), Saint-Paul-de-la-Croix [190] et Saint-Damase [191], construites respectivement par les architectes Oscar BEAULÉ et Joseph-Albert MORISSETTE; Lucien SARA-BOURNET; DUPLESSIS, LABELLE et DERÔME; Roland DUMAIS. Le style Dom Bellot s'abâtardit, mais les formes de ces bâtiments restent simples, ce qui est normal pour une structure dans laquelle les forces sont contrôlées au moyen de pièces d'acier et de béton. Cette structure libère le plan de l'entrave de l'élément porteur, en vue d'éliminer les colonnes. Mais certaines formules sont répétées à satiété comme, par exemple, la forme de l'arc polygonal et les angles en mitre dont on coiffe les fenêtres.

## La durée et l'importance du mouvement

Débutant en 1935-1936, avec la reconstruction de l'église Saint-Jacques de Montréal et l'édification de Sainte-Thérèse de Beauport, l'influence de Dom Bellot se poursuit au Québec après sa mort jusqu'aux environs de 1955, et même un peu plus tard puisqu'en 1962 le monastère des Chanoinesses hospitalières de Saint-Augustin est construit par Dom Côté à Montmagny, dans un style vraiment dom-bellotiste [126]. Mais il s'agit là d'une exception, les deux principaux disciples, Dufresne et Courchesne, ainsi que les autres adeptes ayant alors déjà apporté l'essentiel de leur contribution au dom-bellotisme.

Par ailleurs, une exposition tenue à Québec le 28 août 1952 et organisée sous les auspices de la faculté de Théologie de l'université Laval et du Secrétariat de la Province en vue de « tâter le pouls » de l'art religieux, prouve que le mouvement existait toujours à ce moment. André Lecoutey écrit à ce sujet : « Évidemment, Dom Bellot a ses disciples. Notons toutefois que les meilleurs d'entre eux ont employé l'arc parabolique dans sa pureté, sans le couper par les petits décrochements, ou autres niaiseries, chers aux sous-copistes plus attentifs aux faiblesses du maître qu'à ses qualités. »[4]

La liste chronologique des églises construites au Québec dans le style Dom Bellot permet, elle aussi, d'affirmer que les dernières œuvres dom-bellotistes au Québec furent construites autour de 1955. L'ère du dom-bellotisme dura donc environ vingt ans.

L'évaluation de ces œuvres a été faite par le maître lui-même dans sa conférence du 8 mars 1940, alors qu'il n'y avait encore au Québec qu'un nombre limité d'œuvres s'inspirant du dom-bellotisme. D'abord, il s'étonne de voir tant d'architectes se réclamer de son nom :

> Si quelqu'un a été surpris de cette génération spontanée, c'est bien moi, j'ignorais profondément avoir créé un style. À mon retour au

---

[4] André LECOUTEY, « Les leçons d'une exposition ».

Canada, vingt mois après, je pus constater moi-même combien ce soi-disant style était à la mode... Me voilà donc le père putatif d'une bien grande quantité de constructions.

Puis, il juge assez sévèrement certaines de ces constructions :

Toutes ces œuvres qui dénotent une certaine recherche et expriment un effort auquel j'applaudis ne sont pourtant dans leur grande majorité que des essais... Un artiste montréalais me disait ceci : « C'est, si vous le voulez, du Dom Bellot mais bien souvent ils ont trahi la lettre et n'en ont pas saisi l'esprit. » Pourtant je dois signaler deux exceptions : une église au nord de Québec [Sainte-Thérèse de Beauport] et un commencement de monastère à l'ouest de Montréal [abbaye Sainte-Marie des Deux-Montagnes]. Là il y a vraiment un sens réel de progrès qui est à noter.

Dom Bellot a formulé des principes et en a montré des applications en Angleterre, en Hollande, en Belgique et en France. Il n'a pas voulu implanter les mêmes formes au Canada, ni y importer un style de l'extérieur. C'est pourquoi plusieurs de ses adeptes auraient mieux fait d'approfondir ses principes, plutôt que d'essayer d'en adapter quelques formes en remplaçant tel ou tel matériau. Ces œuvres québécoises, d'une valeur inégale, sont loin d'atteindre à la beauté de leurs modèles européens. Certains aspects bizarres, comme l'angularité excessive et la charpente grossière, en gâtent plusieurs. Les formes brisées à l'intérieur de l'église présentent souvent un aspect compliqué qui porte les signes d'un vieillissement précoce, sinon d'un maniérisme gratuit.

Cet engouement pour le style Dom Bellot passa comme passe toute mode. Cependant, au Québec cette rupture avec un passé aussi récent, notamment par l'abandon du pastiche, était si grande qu'il faut en reconnaître l'intérêt. C'est une page brève, mais vivace, qui marque fortement l'histoire de l'architecture québécoise, l'acheminant sur une nouvelle voie. Vers 1950, commence déjà l'époque qui ne doit rien au passé. Un nouveau type d'église est créé où l'on abandonne le plan en forme de croix latine pour une disposition en hémicycle groupant les fidèles autour du maître-autel. On abandonne également une autre tradition : la façade aux clochers pré-dominants. Les possibilités plastiques et structurales du béton armé, développées au maximum, mènent à une nouvelle esthétique.

D'autre part, l'architecture religieuse a dû suivre le rajeunissement du visage de l'Église. Le renouveau liturgique a dicté certains principes et imposé des exigences nouvelles. Il y a un réel désir de dépasser les formes existantes et d'en créer de nouvelles mieux adaptées à ces exigences. La chapelle Notre-Dame de Lourdes (1952) au Lac Bouchette, de l'architecte Henry Tremblay, illustre très bien les nouvelles tendances de l'architecture religieuse moderne au Québec. Cette église a été la première manifestation d'un renouveau architectural remarquable qu'allait connaître la région du Saguenay pendant la décennie suivante, précédant même plusieurs autres régions plus urbanisées du Québec. Vers 1955, nous sommes donc en présence d'une nouvelle vague de l'architecture religieuse. La voie est ouverte à d'autres expériences.

Planches

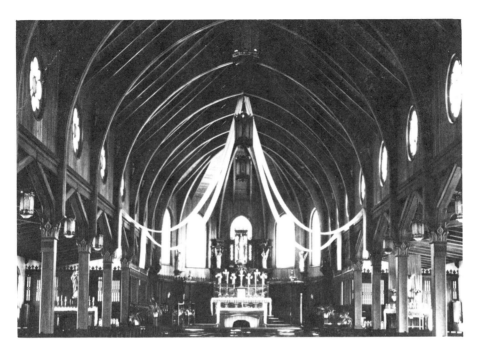

1. Québec, *Notre-Dame-de-Grâce* : vue vers le chœur. G. Morisset et J.-T. Nadeau (1925).

2. Outremont, *Saint-Germain* : vue vers le chœur. C. David, R.-R. Tourville et J.-J. Perrault (1931).

3. Saint-Georges de Beauce, église paroissiale : vue vers le chœur depuis les tribunes (1900-1902).

4. Barcelone, *palais Güell* : façade principale, portes d'entrées. Antonio Gaudi (1885-1889).

5. Solesmes, *abbaye Saint-Pierre* : cloître et bibliothèque. Dom Bellot (1937).

6. Montpellier, *monastère Les Tourelles* : vue extérieure du cloître. Dom Bellot (1934-1935).

7. Grenade, *Alhambra* : porte des lions (côté est).

8. Ile de Wight, *Quarr Abbey* : voûte du sanctuaire. Dom Bellot (1910-1912).

9. Île de Wight, *Quarr Abbey* : réfectoire. Dom Bellot (1907-1908).

10. Montréal, *basilique Saint-Joseph du Mont-Royal* : aquarelle d'un projet de l'intérieur. Dom Bellot.

11. Noordhœk, église paroissiale : vue vers le chœur. Dom Bellot (1921).

12. Audincourt, *Immaculée-Conception* : la nef vue du chœur. Dom Bellot (1931).

13. Troyes, *Notre-Dame-des-Trévois* : la nef vue du chœur. Dom Bellot (1933).

14. Suresnes, *Notre-Dame-de-la-Paix* : nef et bas-côtés. Dom Bellot (1933).

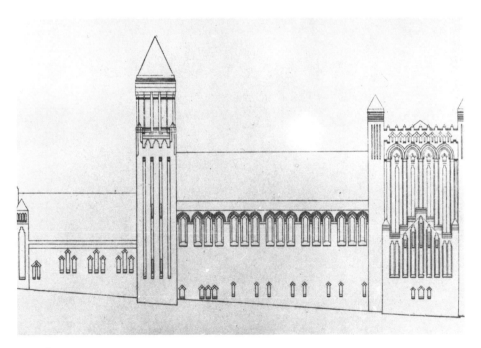

15. Île de Wight, *Quarr Abbey* : façade latérale. Dom Bellot (1910-1912).

16. Île de Wight, *Quarr Abbey* : chœur des moines et sanctuaire. Dom Bellot (1910-1912).

17. Île de Wight, *Quarr Abbey* : sanctuaire, chœur des moines et nef. Dom Bellot (1910-1912).

18. Audincourt, *Immaculée-Conception* : vue vers le chœur. Dom Bellot (1931).

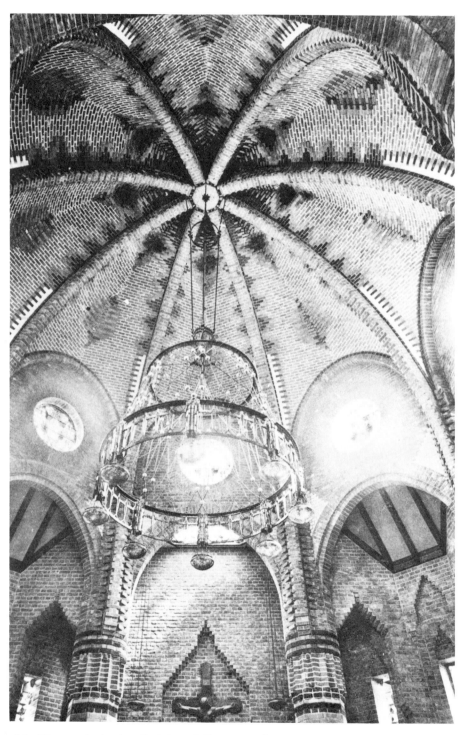

19. Blœmendaal, *chapelle Saint-Adalbert* : vue d'ensemble de la voûte. Dom Bellot.

20. Oosterhout, *abbaye Saint-Paul* : chœur des moines et sanctuaire. Dom Bellot (1920).

21. Eindhoven, *chapelle du Sacré-Cœur* : vue du collège et de la façade latérale de la
chapelle. Dom Bellot (1923-1924).

22. Comines, *Saint-Chrysole* : façade principale. Dom Bellot et Maurice Storez (1928).

23. Suresnes, *Notre-Dame-de-la-Paix* : charpente. Dom Bellot (1933).

24. Île de Wight, *Quarr Abbey* : vue du sanctuaire, arcs brisés et nervures. Dom Bellot (1910-1912).

25. Vanves, *prieuré Sainte-Bathilde* : le cloître, vue extérieure. Dom Bellot (1935-1936).

26. Vanves, *prieuré Sainte-Bathilde* : salle du chapitre. Dom Bellot (1935-1936).

27. Troyes, *Notre-Dame-des-Trévois* : façade principale. Dom Bellot (1933).

28. Wisques (Pas-de-Calais), *abbaye Saint-Paul* : réfectoire. Dom Bellot (1930-1931).

29. Neuvy-sur-Barangeon, *chapelle Saint-Hubert* : façade principale et cloître. Dom Bellot (1935).

30. Montpellier, *monastère Les Tourelles* : façade postérieure. Dom Bellot (1934-1935).

31. Heerle, église paroissiale : vue du chœur. Dom Bellot (1923).

32. Noordhœk, église paroissiale : côté du sanctuaire, exemple de polychromie.
Dom Bellot (1921).

33. Wisques (Pas-de-Calais), *abbaye Saint-Paul* : le cloître. Dom Bellot (1930-
1931).

34. Vanves, *prieuré Sainte-Bathilde* : intérieur de l'église. Dom Bellot (1935-1936).

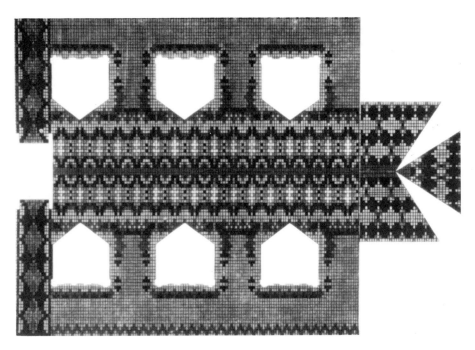

35. Noordhœk, église paroissiale : ensemble du toit. Dom Bellot (1921).

36. Troyes, *Notre-Dame-des-Trévois* : vue extérieure. Dom Bellot (1933).

37. Vanves, *prieuré Sainte-Bathilde* : cloître. Dom Bellot (1935-1936).

38. Neuvy-sur-Barangeon, *chapelle Saint-Hubert* : vue de la nef et du sanctuaire. Dom Bellot (1935).

39. Noordhœk, église paroissiale : vue extérieure. Dom Bellot (1921).

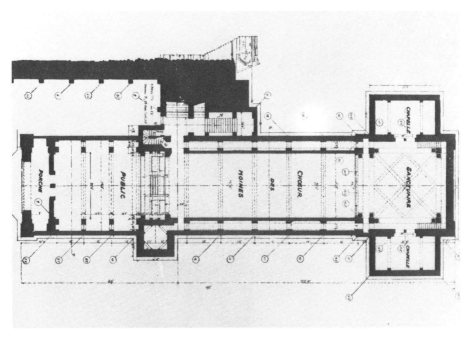

40. Île de Wight, *Quarr Abbey* : plan de l'église. Dom Bellot (1910-1912).

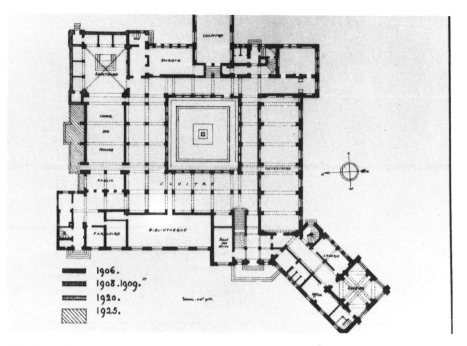

41. Oosterhout, *abbaye Saint-Paul* : plan. Dom Bellot (1906-1920).

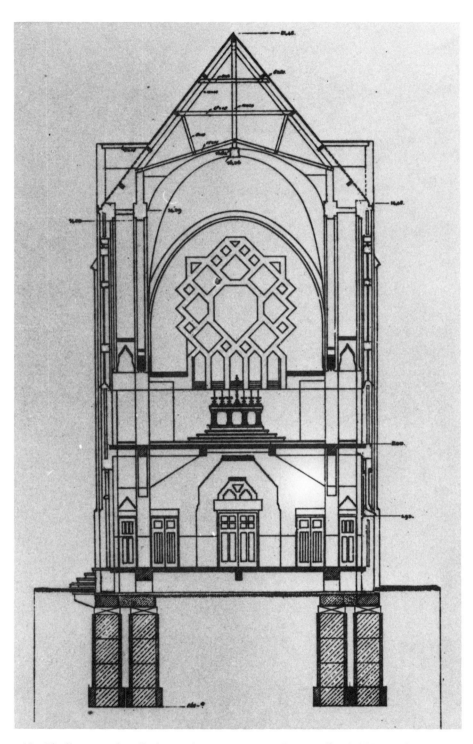

42. Eindhoven, *chapelle du Sacré-Cœur* : coupe. Dom Bellot (1923-1924).

43. Eindhoven, *chapelle du Sacré-Cœur* : vue vers le chœur. Dom Bellot (1923-1924).

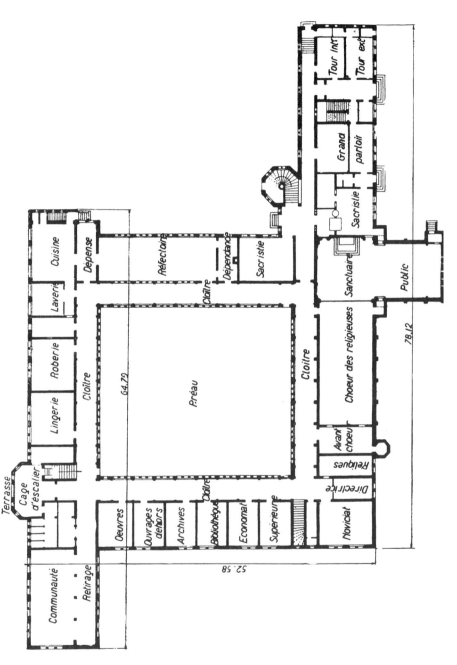

44. Crainhem (Bruxelles), *monastère de la Visitation* : plan du rez-de-chaussée. Dom Bellot (1928-1930).

45. Oosterhout, *abbaye Saint-Paul* : claustra du sanctuaire. Dom Bellot (1920).

46. Audincourt, *Immaculée-Conception* : vue du transept, claustra de béton. Dom Bellot (1931).

47. Groningue, église paroissiale : vue extérieure. H. C. Van de Leur.

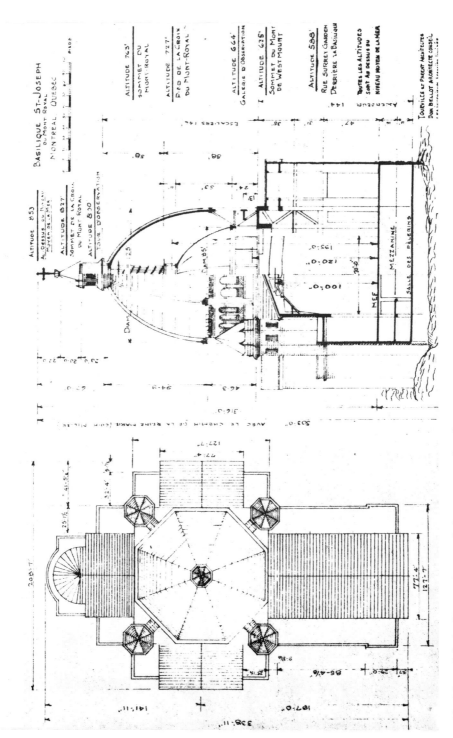

48. Montréal, *basilique Saint-Joseph du Mont-Royal* : plan et coupe.

49. Montréal, *basilique Saint-Joseph du Mont-Royal* : fenêtres latérales. Tourville. Parent et Dom Bellot.

50. Montréal, *basilique Saint-Joseph du Mont-Royal* : la nef et le chœur. Tourville, Parent et Dom Bellot.

51. Montréal, *basilique Saint-Joseph du Mont-Royal* : vue extérieure. Tourville, Parent et Dom Bellot.

52. *Abbaye Saint-Benoît-du-Lac* : vue aérienne. F. Racicot, Dom Côté et Dom Bellot (1939).

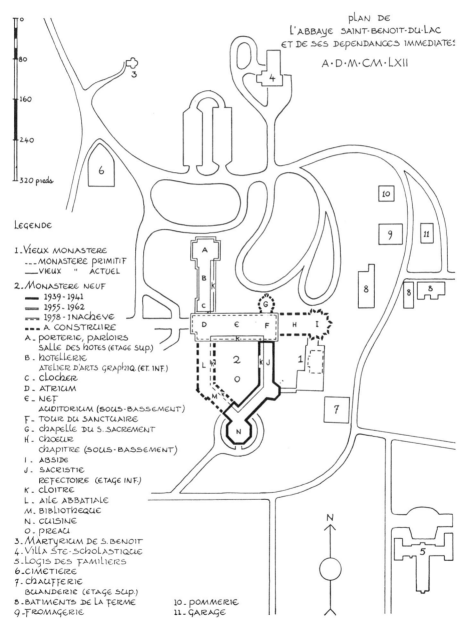

53. *Abbaye Saint-Benoît-du-Lac* : plan de l'abbaye et de ses dépendances. F. Racicot, Dom Côté et Dom Bellot.

54. *Abbaye Saint-Benoît-du-Lac* : aile sud-est, tour Saint-Jean-Baptiste et tour du **chapitre**. F. Racicot, Dom Côté et Dom Bellot.

55. *Abbaye Saint-Benoît-du-Lac* : escalier de la tour Saint-Jean Baptiste. F. Racicot, Dom Côté, et Dom Bellot.

56. Montpellier, *monastère Les Tourelles* : vue plongeant dans le noyau de l'escalier. Dom Bellot (1934-1935).

57. *Abbaye Saint-Benoît-du-Lac* : le cloître. Dom Bellot (1939).

58. Matane, *Saint-Jérôme* : vue vers le chœur. P. Rousseau et P. Côté (1933-1934).
Photo : Inventaire des Biens culturels du Québec.

59. Montréal, *Saint-Jacques* : vue vers le chœur. Gaston Gagnier (1935-1936).

60. Montréal, *Saint-Jacques* : la nef vue du chœur. Gaston Gagnier (1935-1936).

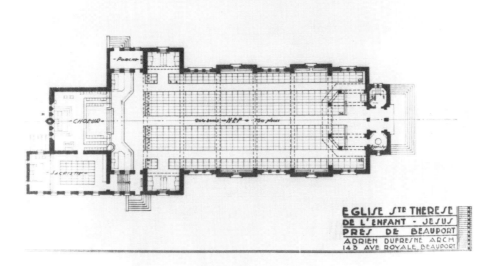

61. Beauport, *Sainte-Thérèse de l'Enfant-Jésus* : plan. Adrien Dufresne (1936).

62. Beauport, *Sainte-Thérèse de l'Enfant-Jésus* : vue extérieure. Adrien Dufresne (1936).

63. Beauport, *Sainte-Thérèse de l'Enfant-Jésus*: vue extérieure. Adrien Dufresne (1936).

64. Beauport, *Sainte-Thérèse de l'Enfant-Jésus* : vue extérieure. Adrien Dufresne (1936).

65. Beauport, *Sainte-Thérèse de l'Enfant-Jésus* : les deux portes de la façade.  Adrien Dufresne (1936).

66. Saint-Brieuc, *Sainte-Thérèse de Gouedic* : vue extérieure. James Bouillé (1931).

67. Beauport, *Sainte-Thérèse de l'Enfant-Jésus* : la nef vue du chœur. Adrien Dufresne (1936).

68. Beauport, *Sainte-Thérèse de l'Enfant-Jésus* : vue vers le chœur. Adrien Dufresne (1936).

69. Troyes, *Notre-Dame-des-Trévois* : vue vers le chœur. Dom Bellot (1933).

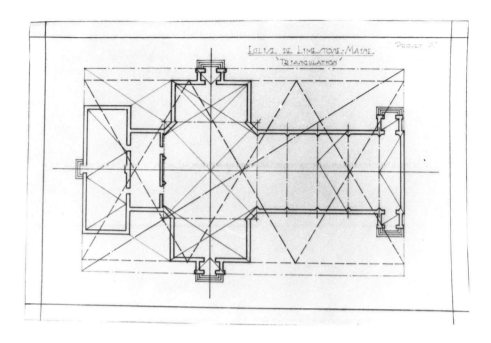

70. Limestone, église paroissiale : plan du projet « A ». Adrien Dufresne (1937).

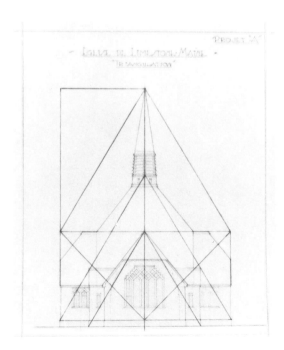

71. Limestone, église paroissiale : exemple de triangulation (projet « A »). Adrien Dufresne (1937).

72. *Sainte-Sophie de Mégantic* : vue extérieure. A. Dufresne et J. B. Gagnon (1940).

73. *Sainte-Sophie de Mégantic* : la nef vue du chœur. A. Dufresne et J. B. Gagnon (1940).

74. *Sainte-Sophie de Mégantic* : le chœur. A. Dufresne et J. B. Gagnon (1940).

75. Québec, *chapelle de l'École normale de Mérici* : la nef vue du chœur. Adrien Dufresne (1941).

76. Montpellier, *monastère Les Tourelles* : le réfectoire. Dom Bellot (1934-1935).

77. *Abbaye Saint-Benoît-du-Lac* : l'oratoire, vue vers le chœur. Dom Bellot (1939).

78. Québec, *chapelle de l'École normale de Mérici* : le chœur. Adrien Dufresne (1941).

79. Québec, *chapelle de l'église du Saint-Esprit* : la nef. Adrien Dufresne (1941).

80. Québec, *chapelle du patronage Sainte-Geneviève* : vue vers le chœur. Adrien Dufresne (1941).

81. Québec, *chapelle du patronage Sainte-Geneviève* : la nef vue du chœur. Adrien Dufresne (1941).

82. Québec, *chapelle du patronage Sainte-Geneviève* : passage de circulation. Adrien Dufresne (1941).

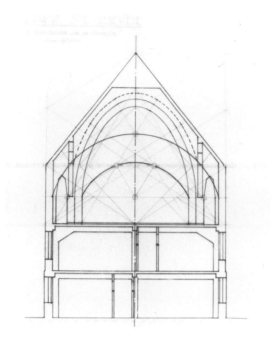

83. Québec, *chapelle du patronage Sainte-Geneviève* : coupe transversale. Adrien Dufresne (1941).

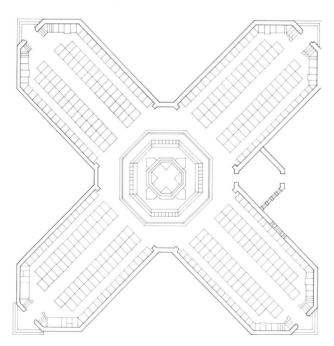

84. Québec, *Notre-Dame-de-la-Paix :* plan du premier projet. Adrien Dufresne.

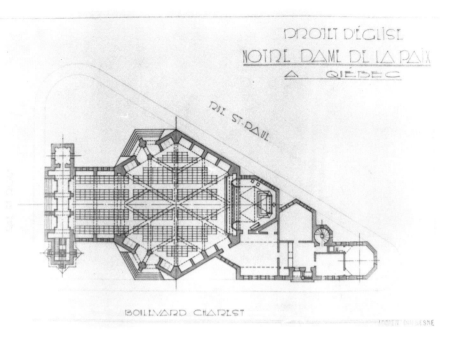

85. Québec, *Notre-Dame-de-la-Paix* : plan du deuxième projet. Adrien Dufresne.

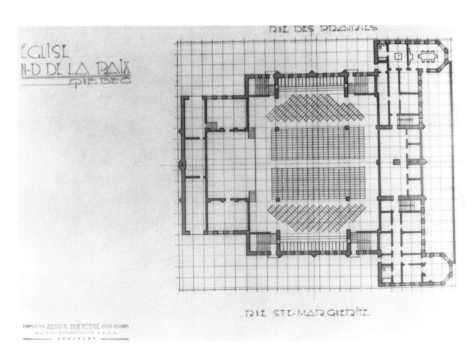

86. Québec, *Notre-Dame-de-la-Paix* : plan du troisième projet. Adrien Dufresne.

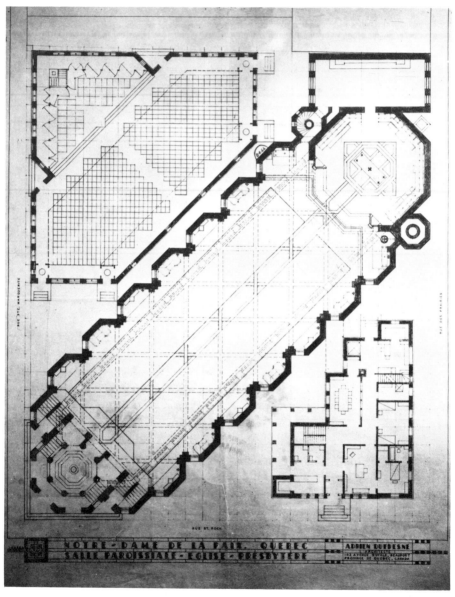

87. Québec, *Notre-Dame-de-la-Paix* : plan du projet définitif. Adrien Dufresne (1946).

88. Québec, *Notre-Dame-de-la-Paix* : façade latérale. Adrien Dufresne (1946).

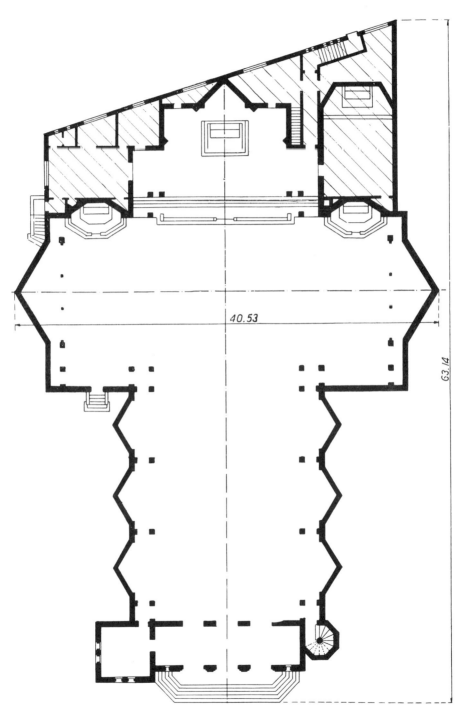

40.53

63.14

89. Audincourt, *Immaculée-Conception* : plan. Dom Bellot (1931).

90. Québec, *Notre-Dame-de-la-Paix* : détail de la façade latérale. Adrien Dufresne (1946).

91. Québec, *Notre-Dame-de-la-Paix* : façade principale. Adrien Dufresne (1946).

92. Montmorency, *Saint-Grégoire* : façade du transept. Adrien Dufresne (1940).

93. Québec, *Notre-Dame-de-la-Paix* : vue vers le chœur. Adrien Dufresne (1946).

94. Québec, *Notre-Dame-de-la-Paix* : détail de la nef, contreforts intérieurs. Adrien Dufresne (1946).

95. Québec, *Notre-Dame-de-la-Paix* : vue vers le chœur. Adrien Dufresne (1946).

96. Frontenac, *Notre-Dame-de-la-Guadeloupe* : vue extérieure. Adrien Dufresne (1946).

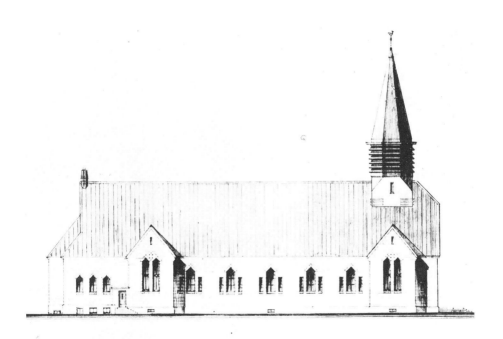

97. Frontenac, *Notre-Dame-de-la-Guadeloupe* : façade latérale. Adrien Dufresne (1946).

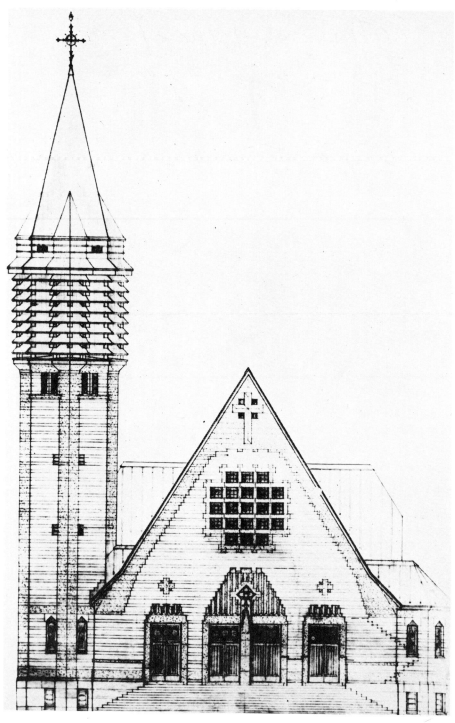

98. Québec, *Saint-Pascal-de-Maizerets* : façade principale. Adrien Dufresne (1946).

99. Québec, *Saint-Pascal-de-Maizerets* : façade principale. Adrien Dufresne (1946).

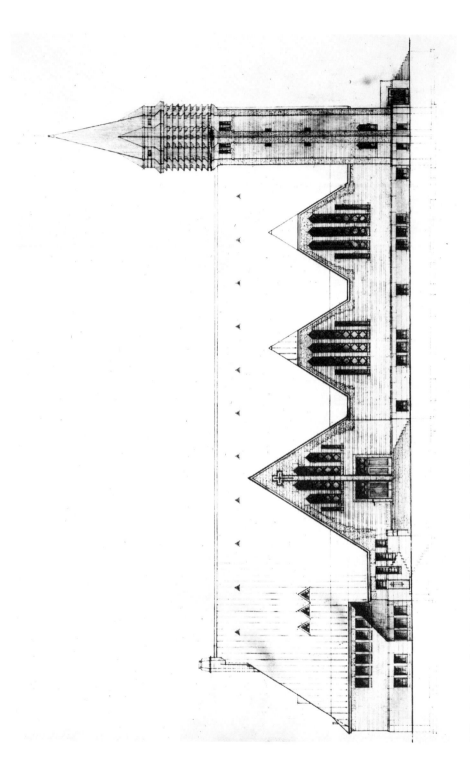

100. Québec, *Saint-Pascal-de-Maizerets* : façade latérale. Adrien Dufresne (1946).

101. Québec, *Saint-Pascal-de-Maizerets* : vue vers le chœur. Adrien Dufresne (1946).

102. Québec, *Saint-Pascal-de-Maizerets* : le chœur. Adrien Dufresne (1946).

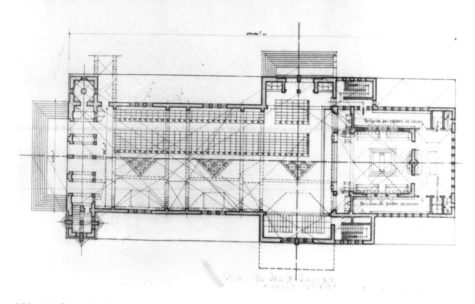

103. Québec, *Saint-Pascal-de-Maizerets* : plan du rez-de-chaussée. Adrien Dufresne (1946).

104. Cowansville, *Sainte-Thérèse de l'Enfant-Jésus* : façade principale. Adrien Dufresne (1948).

105. Cowansville, *Sainte-Thérèse de l'Enfant-Jésus* : la nef vue du chœur. Adrien Dufresne (1948).

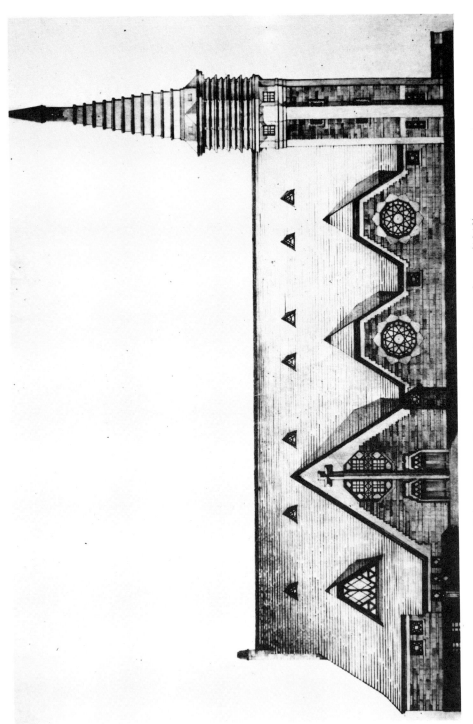

106. Cowansville, *Sainte-Thérèse de l'Enfant-Jésus* : façade latérale. Adrien Dufresne (1948).

107. Cowansville, *Sainte-Thérèse de l'Enfant-Jésus* : vue vers le chœur. Adrien Dufresne (1948).

108. Québec, *Saint-Fidèle* : vue extérieure. Adrien Dufresne (1951).

109. Québec, *Saint-Fidèle* : façade latérale. Adrien Dufresne (1951).

110. Québec, *Saint-Fidèle* : vue vers le chœur. Adrien Dufresne (1951).

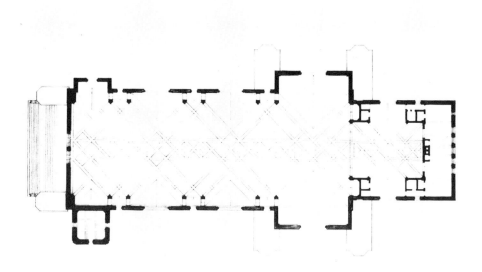

111. Québec, *Saint-Fidèle* : plan. Adrien Dufresne (1951).

112. Québec, *Saint-Fidèle* : la nef. Adrien Dufresne (1951).

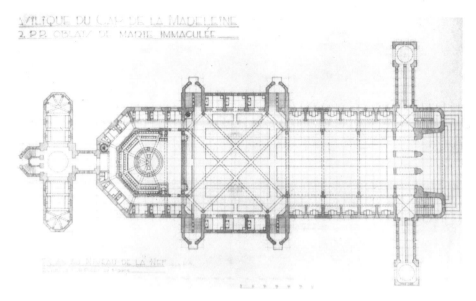

113. Cap-de-la-Madeleine, *basilique Notre-Dame-du-Cap* : plan du premier projet. Adrien Dufresne.

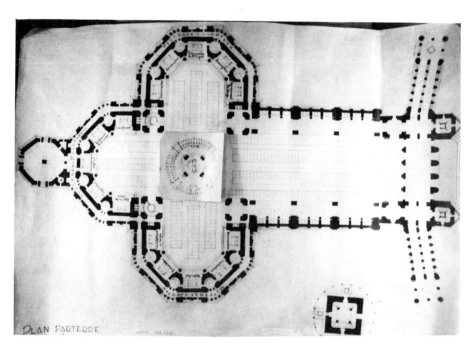

114. Cap-de-la-Madeleine, *basilique Notre-Dame-du-Cap* : plan du deuxième projet. Adrien Dufresne.

FŒDERIS ARCA

BASILIQUE N.-D. DU CAP

115. Cap-de-la-Madeleine, *basilique Notre-Dame-du-Cap* : plan du troisième projet. Adrien Dufresne.

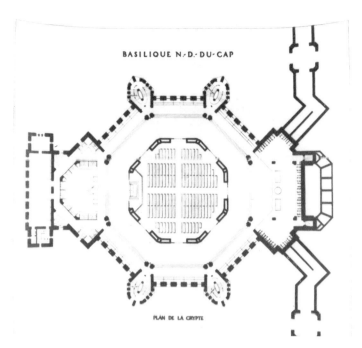

116. Cap-de-la-Madeleine, *basilique Notre-Dame-du-Cap* : plan définitif. Adrien Dufresne.

117. Cap-de-la-Madeleine, *basilique Notre-Dame-du-Cap* : vue du chœur. Adrien Dufresne (1944-1964).

118. Vanves, *prieuré Sainte-Bathilde* : chapelle du Saint-Sacrement. Dom Bellot (1935-1936).

119. Suresnes, *Notre-Dame-de-la-Paix* : vue vers le chœur. Dom Bellot (1933).

120. Cap-de-la-Madeleine, *basilique Notre-Dame-du-Cap* : dôme intérieur. Adrien Dufresne (1944-1964).

121.  Cap-de-la-Madeleine,  *basilique Notre-Dame-du-Cap* :  vue extérieure.  Adrien Dufresne (1944-1964).

122. *Abbaye Saint-Benoît-du-Lac*, hôtellerie. Dom Claude-Marie Côté (1955-1962).

123. *Abbaye Saint-Benoît-du-Lac* : cloître de l'hôtellerie. Dom Claude-Marie Côté (1955-1962).

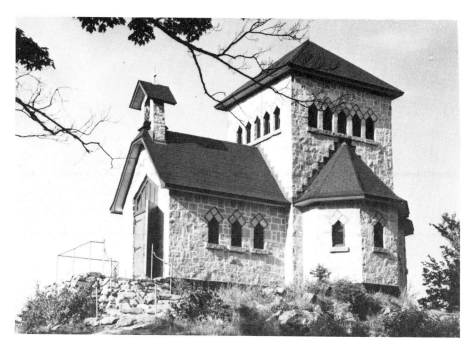

124. Saint-Benoît-du-Lac, *tour Saint-Benoît* : vue extérieure. Dom Claude-Marie Côté (1955-1962). Photo : Inventaire des Biens culturels du Québec.

125. Saint-Benoît-du-Lac, *tour Saint-Benoît* : vue intérieure. Dom Claude-Marie Côté (1955-1962).

126. Montmagny, *monastère de Saint-Augustin* : vue extérieure. Dom Côté et G. Venne (1962).

127. Montmagny, *monastère de Saint-Augustin* : déambulatoire. Dom Côté et G. Venne, (1962).

128. Montmagny, *monastère de Saint-Augustin* : le chœur. Dom Côté et G. Venne (1962).

129. Montmagny, *monastère de Saint-Augustin* : nef des religieuses. Dom Côté et G. Venne (1962).

130. Sherbrooke, *crypte du Séminaire Saint-Charles-Borromée* : vue intérieure. Edgar Courchesne (1933).

131. Sherbrooke, *crypte du Séminaire Saint-Charles-Borromée* : premier projet, porte d'entrée et grille. Edgar Courchesne.

Sherbrooke, *crypte du Séminaire Saint-Charles-Borromée* : l'entrée. Edgar Courchesne (1933).

LES TOMBEAUX
Echelle 1/4" = 1'0"

LA NOUVELLE CRYPTE DU
SEMINAIRE ST-CHARLES-B.
SHERBROOKE P.Q.

Edgar Courchesne
Architecte

133. Sherbrooke, *crypte du Séminaire Saint-Charles-Borromée* : les tombeaux. Edgar Courchesne (1933).

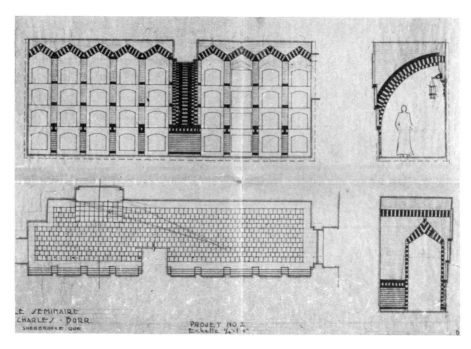

134. Sherbrooke, *crypte du Séminaire Saint-Charles-Borromée* : deuxième projet. Edgar Courchesne.

135. Sherbrooke, *crypte du Séminaire Saint-Charles-Borromée,* mur droit et autel. Edgar Courchesne (1933).

136. Sherbrooke, *crypte du Séminaire Saint-Charles-Borromée* : vue intérieure. Edgar Courchesne (1933).

137. Sainte-Marthe-sur-le-Lac, *abbaye Sainte-Marie des Deux-Montagnes* : façade sud (aile gauche et tour centrale). Edgar Courchesne (1936).

138. Sainte-Marthe-sur-le-Lac, *abbaye Sainte-Marie des Deux-Montagnes* : façade sud (aile droite et église abbatiale). Edgar Courchesne (1946-1956).

139. Sainte-Marthe-sur-le-Lac, *abbaye Sainte-Marie des Deux-Montagnes* : nef des religieuses. Edgar Courchesne (1956).

140. Sainte-Marthe-sur-le-Lac, *abbaye Sainte-Marie des Deux-Montagnes* : nef du public. Edgar Courchesne (1956).

141. Sainte-Marthe-sur-le-Lac, *abbaye Sainte-Marie des Deux-Montagnes* : le sanctuaire. Edgar Courchesne (1956).

142. Sainte-Marthe-sur-le-Lac, *abbaye Sainte-Marie des Deux-Montagnes* : arc du sanctuaire. Edgar Courchesne (1956).

143. Saint-Épiphane, église paroissiale (1879-1882) : façade principale. Edgar Courchesne (1946 reconstruction).

144. Sainte-Blandine, église paroissiale : vue extérieure. Edgar Courchesne (1948 reconstruction).

145. Saint-Épiphane, église paroissiale : vue vers le chœur. Edgar Courchesne (1948).

146. Sainte-Blandine, église paroissiale : vue vers le chœur. Edgar Courchesne (1948). Photo : Inventaire des Biens culturels du Québec.

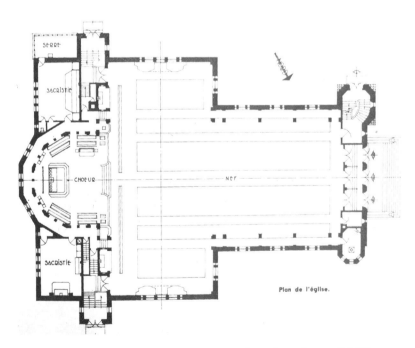

147. Montréal, *Sainte-Madeleine-Sophie* : plan. Edgar Courchesne (1948).

148. Montréal, *Sainte-Madeleine-Sophie* : la nef vue du chœur. Edgar Courchesne (1948).

149. Montréal, *Sainte-Madeleine-Sophie* : détail de la nef, arcs longitudinaux. Edgar Courchesne (1948).

150. Montréal, *Sainte-Madeleine-Sophie* : le chœur. Edgar Courchesne (1948).

151. Montréal, *Sainte-Madeleine-Sophie* : le transept. Edgar Courchesne (1948).

152. Montréal, *Sainte-Madeleine-Sophie* : façade principale. Edgar Courchesne (1948).

153.  Audincourt, *Immaculée-Conception* :  façade principale.  Dom Bellot (1931).

154. Montréal, *Sainte-Madeleine-Sophie* : la tour. Edgar Courchesne (1948).

155. Montréal, *Sainte-Madeleine-Sophie* : vue extérieure. Edgar Courchesne (1948).

156. Montréal, *Sainte-Madeleine-Sophie* : chevet. Edgar Courchesne (1948).

157. Granby, *Saint-Benoît* : vue extérieure. E. Courchesne et Dom Côté (1950).

158. Granby, *Saint-Benoît* : passage de circulation. E. Courchesne et Dom Côté (1950).

159. Granby, *Saint-Benoît* : vue vers le chœur. E. Courchesne et Dom Côté (1950).

160. Granby, *Saint-Benoît* : détail de la nef, arcs longitudinaux. E. Courchesne et Dom Côté (1950).

161. Granby, *Saint-Benoît* : claustra du sanctuaire. E. Courchesne et Dom Côté (1950).

162. Granby, *Saint-Benoît* : tribune. E. Courchesne et Dom Côté (1950).

163. Granby, *Saint-Benoît* : façade principale. E. Courchesne et Dom Côté (1950).

164. Granby, *Saint-Benoît* : façade latérale. E. Courchesne et Dom Côté (1950).

165. Forestville, *Saint-Luc* : vue extérieure. Edgar Courchesne (1953).

166. Forestville, *Saint-Luc* : façade principale. Edgar Courchesne (1953).

167. Betsiamites, *Notre-Dame* : façade principale. Edgar Courchesne (1953).
     Photo : Inventaire des Biens culturels du Québec.

168. Betsiamites, *Notre-Dame* : façade latérale. Edgar Courchesne (1953).
     Photo : Inventaire des Biens culturels du Québec.

169. Sainte-Félicité, église paroissiale : vue extérieure. Edgar Courchesne (1954-1966). Photo : Inventaire des Biens culturels du Québec.

170. Rimouski, *Sainte-Agnès* : façade principale. Edgar Courchesne (1957).

171. Forestville, *Saint-Luc* : vue vers le chœur. Edgar Courchesne (1953).

172. Sainte-Félicité, église paroissiale : la nef vue du chœur. Edgar Courchesne (1954-1966). Photo : Inventaire des Biens culturels du Québec.

173. Betsiamites, *Notre-Dame* : vue vers le chœur. Edgar Courchesne (1953).
Photo : Inventaire des Biens culturels du Québec.

174. Rimouski, *Sainte-Agnès* : vue vers le chœur. Edgar Courchesne (1957).

175. Saint-Lambert, église paroissiale : vue vers le chœur. Gaston Gagnier (1936).

176. Valleyfield, chapelle du Séminaire : vue vers le chœur. J.-Eugène Perron (1944-1945).

177. Saint-Martin, *couvent Sainte-Thérèse* : vue vers le chœur. J.-Eugène Perron (1937).

178. Lachute, *Sainte-Anastasie* : vue vers le chœur. J.-Eugène Perron (1936).

179. Montréal, *Saint-Jean-Berchmans* : vue vers le chœur. L. Parent et R.-R. Tourville (1938-1939).

180. Montréal, *Saint-Jean-
Berchmans* : vue extéri-
eure. L. Parent et R.-R.
Tourville (1938-1939).

181. Chicoutimi, *chapelle de l'Hôtel-Dieu Saint-Vallier* : nef des religieuses, sanctuaire, nef du public. Léonce Desgagné (1942-1943).

182. Chicoutimi, *chapelle de l'Hôtel-Dieu Saint-Vallier* : détail de la nef, jeux de briques. Léonce Desgagné (1942-1943).

183. Dolbeau, *Sainte-Thérèse d'Avila* : vue vers le chœur. Léonce Desgagné (1946).

184. Saint-Ferdinand, *chapelle de l'hôpital Saint-Julien* : vue du chœur, nef du public. Jean Berchmans Gagnon (1948-1950).

185. Saint-Ferdinand, *chapelle de l'hôpital Saint-Julien* : le chœur. Jean Berchmans Gagnon (1948-1950).

186. Verdun, *Notre-Dame-Auxiliatrice* : vue vers le chœur. J.-A. Dutrisac et S. Brais (1941).

187. Verdun, *Notre-Dame-de-la-Garde* : vue vers le chœur. J.-A. Dutrisac (1946).

188. Sainte-Brigitte-de-Laval, église paroissiale : vue vers le chœur. O. Beaulé et J.-A. Morissette (1949).

189. Sainte-Brigitte-de-Laval, église paroissiale : vue extérieure. O. Beaulé et J.-A. Morissette (1949).

190. Montréal, *Saint-Paul-de-la-Croix* : la nef vue du chœur. Duplessis, Labelle et Derôme (1953-1955).

191. Montréal, *Saint-Damase* : vue vers le choeur. Roland Dumais (1955).

# Liste des illustrations

1. *Église Notre-Dame de-Grâce*, Québec : vue vers le chœur.

2. *Église Saint-Germain*, Outremont : vue vers le chœur.

3. *Église Saint-Georges*, Beauce : vue vers le chœur depuis les tribunes.

4. *Palais Güell*, Barcelone : façade principale, portes d'entrées.

5. *Abbaye Saint-Pierre*, Solesmes : cloître et bibliothèque.

6. *Monastère Les Tourelles*, Montpellier : vue extérieure du cloître.

7. *Alhambra*, Grenade : porte des lions (côté est).

8. *Quarr Abbey*, Île de Wight : voûte du sanctuaire.

9. *Quarr Abbey*, Île de Wight : réfectoire.

10. *Basilique Saint-Joseph du Mont-Royal*, Montréal : aquarelle d'un projet de l'intérieur.

11. *Église de Noordhoek* : vue vers le chœur.

12. *Église de l'Immaculée-Conception*, Audincourt : la nef vue du chœur.

13. *Église Notre-Dame-des-Trévois*, Troyes : la nef vue du chœur.

14. *Église Notre-Dame-de-la-Paix*, Suresnes : nef et bas-côtés.

15. *Quarr Abbey*, Île de Wight : façade latérale.

16. *Quarr Abbey*, Île de Wight : chœur des moines et sanctuaire.

17. *Quarr Abbey*, Île de Wight : sanctuaire, chœur des moines et nef.

18. *Église de l'Immaculée-Conception*, Audincourt : vue vers le chœur.

19. *Chapelle Saint-Adalbert*, Bloemendaal : vue d'ensemble de la voûte.

20. *Abbaye Saint-Paul*, Oosterhout : chœur des moines et sanctuaire.

21. *Chapelle du Sacré-Cœur*, Eindhoven : vue du collège et de la façade latérale de la chapelle.

22. *Église Saint-Chrysole*, Comines : façade principale.

23. *Église Notre-Dame-de-la-Paix*, Suresnes : charpente.

24. *Quarr Abbey*, Île de Wight : vue du sanctuaire, arcs brisés et nervures.

25. *Prieuré Sainte-Bathilde*, Vanves : le cloître, vue extérieure.

26. *Prieuré Sainte-Bathilde*, Vanves : salle du chapitre.

27. *Église Notre-Dame-des-Trévois*, Troyes : façade principale.

28. *Abbaye Saint-Paul de Wisques* : le réfectoire.

29. *Chapelle Saint-Hubert*, Neuvy-sur-Barangeon : façade principale et cloître.

30. *Monastère Les Tourelles*, Montpellier : façade postérieure.

31. *Église de Heerle* : vue du chœur.

32. *Église de Noordhoek* : côté du sanctuaire, exemple de polychromie.

33. *Abbaye Saint-Paul de Wisques* : le cloître.

34. *Prieuré Sainte-Bathilde*, Vanves : intérieur de l'église.

35. *Église de Noordhoek* : ensemble du toit.

36. *Église Notre-Dame-des-Trévois*, Troyes : vue extérieure.

37. *Prieuré Sainte-Bathilde*, Vanves : cloître.

38. *Chapelle Saint-Hubert*, Neuvy-sur-Barangeon : vue de la nef et du sanctuaire.

39. *Église de Noordhoek* : vue extérieure.

40. *Quarr Abbey*, Île de Wight : plan de l'église.

41. *Abbaye Saint-Paul*, Oosterhout : plan.

42. *Chapelle du Sacré-Coeur*, Eindhoven : coupe.

43. *Chapelle du Sacré-Coeur*, Eindhoven : vue vers le chœur.

44. *Monastère de la Visitation*, Crainhem : plan du rez-de-chaussée.

45. *Abbaye Saint-Paul*, Oosterhout : claustra du sanctuaire.

46. *Église de l'Immaculée-Conception*, Audincourt : vue du transept, claustra de béton.

47. *Église de Groningue* : vue extérieure.

48. *Basilique Saint-Joseph du Mont-Royal*, Montréal : plan et coupe.

49. *Basilique Saint-Joseph du Mont-Royal*, Montréal : fenêtres latérales.

50. *Basilique Saint-Joseph du Mont-Royal*, Montréal : la nef et le chœur.

51. *Basilique Saint-Joseph du Mont-Royal*, Montréal : vue extérieure.

52. *Abbaye Saint-Benoît-du-Lac*, Saint-Benoît-du-Lac : vue aérienne.

53. *Abbaye Saint-Benoît-du-Lac*, Saint-Benoît-du-Lac : plan de l'abbaye et de ses dépendances.

54. *Abbaye Saint-Benoît-du-Lac*, Saint-Benoît-du-Lac : aile sud-est, tour Saint-Jean-Baptiste et tour du chapitre.

55. *Abbaye Saint-Benoît-du-Lac*, Saint-Benoît-du-Lac : escalier de la tour Saint-Jean-Baptiste.

56. *Monastère Les Tourelles*, Montpellier : vue plongeant dans le noyau de l'escalier.

57. *Abbaye Saint-Benoît-du-Lac*, Saint-Benoît-du-Lac : le cloître.

58. *Église Saint-Jérôme*, Matane : vue vers le chœur.

59. *Église Saint-Jacques*, Montréal : vue vers le chœur.

60. *Église Saint-Jacques*, Montréal : la nef vue du chœur.

61. *Église Sainte-Thérèse de l'Enfant-Jésus*, Beauport : plan.

62. *Église Sainte-Thérèse de l'Enfant-Jésus*, Beauport : vue extérieure.

63. *Église Sainte-Thérèse de l'Enfant-Jésus*, Beauport : vue extérieure.

64. *Église Sainte-Thérèse de l'Enfant-Jésus*, Beauport : vue extérieure.

65. *Église Sainte-Thérèse de l'Enfant-Jésus*, Beauport : les deux portes de la façade.

66. *Église Sainte-Thérèse de Gouedic*, Saint-Brieuc : vue extérieure.

67. *Église Sainte-Thérèse de l'Enfant-Jésus*, Beauport : la nef vue du chœur.

68. *Église Sainte-Thérèse de l'Enfant-Jésus*, Beauport : vue vers le chœur.

69. *Église Notre-Dame-des-Trévois*, Troyes : vue vers le chœur.

70. *Église de Limestone*, Maine : plan du projet « A ».

71. *Église de Limestone*, Maine : exemple de triangulation (projet « A »).

72. *Église Sainte-Sophie de Mégantic* : vue extérieure.

73. *Église Sainte-Sophie de Mégantic* : la nef vue du chœur.

74. *Église Sainte-Sophie de Mégantic* : le chœur.

75. *Chapelle de l'École normale de Mérici*, Québec : la nef vue du chœur.

76. *Monastère Les Tourelles*, Montpellier : le réfectoire.

77. *Abbaye Saint-Benoît-du-Lac*, Saint-Benoît-du-Lac : l'oratoire, vue vers le chœur.

78. *Chapelle de l'École normale de Mérici*, Québec : le chœur.

79. *Chapelle de l'église du Saint-Esprit*, Québec : la nef.

80. *Chapelle du patronage Sainte-Geneviève*, Québec : vue vers le chœur.

81. *Chapelle du patronage Sainte-Geneviève*, Québec : la nef vue du chœur.

82. *Chapelle du patronage Sainte-Geneviève*, Québec : passage de circulation.

83. *Chapelle du patronage Sainte-Geneviève*, Québec : coupe transversale.

84. *Église Notre-Dame-de-la-Paix*, Québec : plan du premier projet.

85. *Église Notre-Dame-de-la-Paix*, Québec : plan du deuxième projet.

86. *Église Notre-Dame-de-la-Paix*, Québec : plan du troisième projet.

87. *Église Notre-Dame-de-la-Paix*, Québec : plan du projet définitif.

88. *Église Notre-Dame-de-la-Paix*, Québec : façade latérale.

89. *Église de l'Immaculée-Conception*, Audincourt : plan.

90. *Église Notre-Dame-de-la-Paix*, Québec : détail de la façade latérale.

91. *Église Notre-Dame-de-la-Paix*, Québec : façade principale.

92. *Église Saint-Grégoire*, Montmorency : façade du transept.

93. *Église Notre-Dame-de-la-Paix*, Québec : vue vers le chœur.

94. *Église Notre-Dame-de-la-Paix*, Québec : détail de la nef, contreforts intérieurs.

95. *Église Notre-Dame-de-la-Paix*, Québec : vue vers le chœur.

96. *Église Notre-Dame-de-la-Guadeloupe*, Frontenac : vue extérieure.

97. *Église Notre-Dame-de-la-Guadeloupe*, Frontenac : façade latérale.

98. *Église Saint-Pascal-de-Maizerets*, Québec : façade principale.

99. *Église Saint-Pascal-de-Maizerets*, Québec : façade principale.

100. *Église Saint-Pascal-de-Maizerets*, Québec : façade latérale.

101. *Église Saint-Pascal-de-Maizerets*, Québec : vue vers le chœur.

102. *Église Saint-Pascal-de-Maizerets*, Québec : le chœur.

103. *Église Saint-Pascal-de-Maizerets*, Québec : plan du rez-de-chaussée.

104. *Église Sainte-Thérèse de l'Enfant-Jésus*, Cowansville : façade principale.

105. *Église Sainte-Thérèse de l'Enfant-Jésus*, Cowansville : la nef vue du chœur.

106. *Église Sainte-Thérèse de l'Enfant-Jésus*, Cowansville : façade latérale.

107. *Église Sainte-Thérèse de l'Enfant-Jésus*, Cowansville : vue vers le chœur.

108. *Église Saint-Fidèle*, Québec : vue extérieure.

109. *Église Saint-Fidèle*, Québec : façade latérale.

110. *Église Saint-Fidèle*, Québec : vue vers le chœur.

111. *Église Saint-Fidèle*, Québec : plan.

112. *Église Saint-Fidèle*, Québec : la nef.

113. *Basilique Notre-Dame-du-Cap*, Cap-de-la-Madeleine : plan du premier projet.

114. *Basilique Notre-Dame-du-Cap*, Cap-de-la-Madeleine : plan du deuxième projet.

115. *Basilique Notre-Dame-du-Cap*, Cap-de-la-Madeleine : plan du troisième projet.

116. *Basilique Notre-Dame-du-Cap*, Cap-de-la-Madeleine : plan définitif.

117. *Basilique Notre-Dame-du-Cap*, Cap-de-la-Madeleine : vue du chœur.

118. *Prieuré Sainte-Bathilde*, Vanves : chapelle du Saint-Sacrement.

119. *Église Notre-Dame-de-la-Paix*, Suresnes : vue vers le chœur.

120. *Basilique Notre-Dame-du-Cap*, Cap-de-la-Madeleine : dôme intérieur.

121. *Basilique Notre-Dame-du-Cap*, Cap-de-la-Madeleine : vue extérieure.

122. *Abbaye Saint-Benoît-du-Lac*, Saint-Benoît-du-Lac : hôtellerie.

123. *Abbaye Saint-Benoît-du-Lac*, Saint-Benoît-du-Lac : cloître de l'hôtellerie.

124. *Tour Saint-Benoît*, Saint-Benoît-du-Lac : vue extérieure.

125. *Tour Saint-Benoît*, Saint-Benoît-du-Lac : vue intérieure.

126. *Monastère de Saint-Augustin*, Montmagny : vue extérieure.

127. *Monastère de Saint-Augustin*, Montmagny : déambulatoire.

128. *Monastère de Saint-Augustin*, Montmagny : le chœur.

129. *Monastère de Saint-Augustin*, Montmagny : nef des religieuses.

130. *Crypte du Séminaire Saint-Charles-Borromée*, Sherbrooke : vue intérieure.

131. *Crypte du Séminaire Saint-Charles-Borromée*, Sherbrooke : premier projet, porte d'entrée et grille.

132. *Crypte du Séminaire Saint-Charles-Borromée*, Sherbrooke : l'entrée.

133. *Crypte du Séminaire Saint-Charles-Borromée*, Sherbrooke : les tombeaux.

134. *Crypte du Séminaire Saint-Charles-Borromée*, Sherbrooke : deuxième projet.

135. *Crypte du Séminaire Saint-Charles-Borromée*, Sherbrooke : mur droit et autel.

136. *Crypte du Séminaire Saint Charles-Borromée*, Sherbrooke : vue intérieure.

137. *Abbaye Sainte-Marie des Deux-Montagnes*, Sainte-Marthe-sur-le-Lac : façade sud (aile gauche et tour centrale).

138. *Abbaye Sainte-Marie des Deux-Montagnes*, Sainte-Marthe-sur-le-Lac : façade sud (aile droite et église abbatiale).

139. *Abbaye Sainte-Marie des Deux-Montagnes*, Sainte-Marthe-sur-le-Lac : nef des religieuses.

140. *Abbaye Sainte-Marie des Deux-Montagnes*, Sainte-Marthe-sur-le-Lac : nef du public.

141. *Abbaye Sainte-Marie des Deux-Montagnes*, Sainte-Marthe-sur-le-Lac : le sanctuaire.

142. *Abbaye Sainte-Marie des Deux-Montagnes*, Sainte-Marthe-sur-le-Lac : arc du sanctuaire.

143. *Église Saint-Épiphane*, Rivière-du-Loup : façade principale.

144. *Église Sainte-Blandine*, Rimouski : vue extérieure.

145. *Église Saint-Épiphane*, Rivière-du-Loup : vue vers le chœur.

146. *Église Sainte-Blandine*, Rimouski : vue vers le chœur.

147. *Église Sainte-Madeleine-Sophie*, Montréal : plan.

148. *Église Sainte-Madeleine-Sophie*, Montréal : la nef vue du chœur.

149. *Église Sainte-Madeleine-Sophie*, Montréal : détail de la nef.

150. *Église Sainte-Madeleine-Sophie*, Montréal : le chœur.

151. *Église Sainte-Madeleine-Sophie*, Montréal : le transept.

152. *Église Sainte-Madeleine-Sophie*, Montréal : façade principale.

153. *Église de l'Immaculée-Conception*, Audincourt : façade principale.

154. *Église Sainte-Madeleine-Sophie*, Montréal : la tour.

155. *Église Sainte-Madeleine-Sophie*, Montréal : vue extérieure.

156. *Église Sainte-Madeleine-Sophie*, Montréal : chevet.

157. *Église Saint-Benoît*, Granby : vue extérieure.

158. *Église Saint-Benoît*, Granby : passage de circulation.

159. *Église Saint-Benoît*, Granby : vue vers le chœur.

160. *Église Saint-Benoît*, Granby : détail de la nef, arcs longitudinaux.

161. *Église Saint-Benoît*, Granby : claustra du sanctuaire.

162. *Église Saint-Benoît*, Granby : tribune.

163. *Église Saint-Benoît*, Granby : façade principale.

164. *Église Saint-Benoît*, Granby : façade latérale.

165. *Église Saint-Luc*, Forestville : vue extérieure.

166. *Église Saint-Luc*, Forestville : façade principale.

167. *Église Notre-Dame*, Betsiamites : façade principale.

168. *Église Notre-Dame*, Betsiamites : façade latérale.

169. *Église Sainte-Félicité*, Matane : vue extérieure.

170. *Église Sainte-Agnès*, Rimouski : façade principale.

171. *Église Saint-Luc*, Forestville : vue vers le chœur.

172. *Église Sainte-Félicité* : la nef vue du chœur.

173. *Église Notre-Dame*, Betsiamites : vue vers le chœur.

174. *Église Sainte-Agnès*, Rimouski : vue vers le chœur.

175. *Église Saint-Lambert*, Saint-Lambert : vue vers le chœur.

176. *Chapelle du Séminaire de Valleyfield* : vue vers le chœur.

177. *Couvent Sainte-Thérèse*, Saint-Martin : vue vers le chœur.

178. *Église Sainte-Anastasie*, Lachute : vue vers le chœur.

179. *Église Saint-Jean-Berchmans*, Montréal : vue vers le chœur.

180. *Église Saint-Jean-Berchmans*, Montréal : vue extérieure.

181. *Chapelle de l'Hôtel-Dieu Saint-Vallier*, Chicoutimi : la nef des religieuses, le sanctuaire, la nef du public.

182. *Chapelle de l'Hôtel-Dieu Saint-Vallier*, Chicoutimi : détail de la nef, jeux de briques.

183. *Église Sainte-Thérèse d'Avila*, Dolbeau : vue vers le chœur.

184. *Chapelle de l'hôpital Saint-Julien*, Saint-Ferdinand : vue vers le chœur et nef du public.

185. *Chapelle de l'hôpital Saint-Julien*, Saint-Ferdinand : le chœur.

186. *Église Notre-Dame-Auxiliatrice*, Verdun : vue vers le chœur.

187. *Église Notre-Dame-de-la-Garde*, Verdun : vue vers le chœur.

188. *Église Sainte-Brigitte-de-Laval*, Montmorency : vue vers le chœur.

189. *Église Sainte-Brigitte-de-Laval*, Montmorency : vue extérieure.

190. *Église Saint-Paul-de-la-Croix*, Montréal : la nef vue du chœur.

191. *Église Saint-Damase*, Montréal : vue vers le chœur.

# L'œuvre de
# Dom Paul Bellot

*en Grande-Bretagne*

Monastère de Quarr Abbey, Île de Wight (1907-1914).

*aux Pays-Bas*

Abbaye Saint-Paul d'Oosterhout (1906-1920).

Église, presbytère et école de Noordhœk (1921).

École, garderie et couvent de Bavel (1922).

Collège et chapelle du Sacré-Cœur d'Eindhoven (1923-1924).

Église de Heerle (1923).

Chapelle Saint-Adalbert de Blœmendaal.

Église de Besoyen.

Église de Leerdam.

Église de Nimègue.

*en Belgique*

Monastère de la Visitation, Crainhem, Bruxelles (1928-1930).

*en France*

Église Saint-Chrysole, Comines, avec Maurice Storez (1928).

Abbaye Saint-Paul de Wisques, Pas-de-Calais (1930-1931)

Église de l'Immaculée-Conception, Audincourt, Doubs (1931).

Église Notre-Dame-de-la-Paix, Suresnes (1933).

Église Notre-Dame-des Trévois, Troyes (1933).

Église d'Hardecourt, Somme (1933).

Monastère Les Tourelles, Montpellier (1934-1935).

Chapelle Saint-Hubert du petit séminaire de Neuvy-sur-Barangeon (1935).

Prieuré Sainte-Bathilde, Vanves (1935-1936).

Église Saint-Joseph, Annecy, Haute-Savoie (1936).

Cloître et bibliothèque de l'abbaye de Solesmes (1937).

Chapelle des religieuses, rue Denouettes, Paris.

Agrandissement du monastère de la Pierre-qui-Vire.

## au Canada

Basilique Saint-Joseph du Mont-Royal, Montréal (1937-1938).

Abbaye Saint-Benoît-du-Lac (1939-1941)

## au Portugal

Plans de l'église Notre-Dame de la Conception, Porto.

## en Argentine

Dessin d'une église.

## à Madagascar

Plan d'un monastère à Ambositra.

## en Ouganda

Plan d'une église.

# Édifices religieux
# d'Adrien Dufresne
# au Québec

| | |
|---|---|
| 1933-1935 | Collège des Jésuites, Québec (chapelle et escalier, avec les architectes Lacroix et Brossard). |
| 1936 | * Église Sainte-Thérèse de l'Enfant-Jésus, Beauport. |
| 1937 | * Projet pour l'église de Limestone, Maine. |
| 1940 | * Église Sainte-Sophie, Mégantic, avec Jean Berchmans Gagnon. |
| 1940 | Les deux transepts de l'église Saint-Grégoire, Montmorency. |
| 1940 | Intérieur de l'église Saint-Clément de Tourville, l'Islet. |
| 1941 | * Décoration de la chapelle de l'École normale de Mérici, Québec. |
| 1941 | * Chapelle de l'église du Saint-Esprit, Québec. |
| 1941 | * Chapelle du patronage Sainte-Geneviève, Québec. |
| 1946 | * Église Notre-Dame-de-la-Paix, Québec. |
| 1946 | * Église Notre-Dame-de-la-Guadeloupe, Frontenac. |
| 1946 | * Église Saint-Pascal-de-Maizerets, Québec. |
| 1947 | Chapelle de l'École normale de l'Islet, avec Albert Leclerc. |
| 1948 | * Église Sainte-Thérèse de l'Enfant-Jésus, Cowansville, Missisquoi. |
| 1949 | Chapelle de Mgr Laval (Petit Séminaire de Québec). |
| 1951 | * Église Saint-Fidèle, Québec. |

* Les œuvres marquées d'un astérisque sont de style Dom Bellot.

| 1951 | Chapelle des Servantes du Très-Saint-Sacrement, Québec. |
| 1957 | Chapelle du collège des Frères maristes, Lévis. |
| 1944 1964 * | Basilique Notre-Dame-du-Cap, Cap-de-la-Madeleine. |
| 1965 | Église du Christ-Roi, Shawinigan. |

# Édifices religieux
# d'Edgar Courchesne
# au Québec

| | |
|---|---|
| 1933 | * Crypte du Séminaire Saint-Charles-Borromée, Sherbrooke. |
| 1936-1946 1956 | * Abbaye Sainte-Marie des Deux-Montagnes, Sainte-Marthe-sur-le-lac. |
| 1946 | * Église Saint-Épiphane, Rivière-du-Loup. |
| 1948 | * Église Sainte-Blandine, Rimouski. |
| 1948 | * Église Sainte-Madeleine-Sophie, Montréal. |
| 1950 | * Église Saint-Benoît, Granby, avec Dom Côté. |
| 1953 | * Église Saint-Luc, Forestville, Saguenay. |
| 1953 | * Église Notre-Dame de Betsiamites, Saguenay. |
| 1954-1966 | * Église Sainte-Félicité, Matane. |
| 1957 | * Église Sainte-Agnès, Rimouski. |
| 1957 | Église de Luceville, Rimouski. |
| 1959 | Église Saint-Pie X, Paspébiac, Bonaventure. |
| 1959 | Église Notre-Dame, Paspébiac, Bonaventure. |

* Les œuvres marquées d'un astérisque sont de style Dom Bellot.

CE LIVRE, ACHEVÉ D'IMPRIMER EN FÉ-
VRIER 1978 SUR LES PRESSES DE L'ÉCLAI-
REUR LTÉE (BEAUCEVILLE) A ÉTÉ COMPO-
SÉ PAR LE FIGARO LTÉE (LÉVIS) ET RELIÉ
PAR RELIURE SÉLECTE INC. (QUÉBEC).

La couverture est de Jacques Vachon.